DIETMAR BITTRICH

Das Liebesspiel der Sterne

Buch

Wagen Sie einen Blick in die Sterne, und Sie wissen alles über die nächste Nacht: Wer als Liebhaber taugt, und bei wem sie sich die Mühe sparen können. Wie Sie verführen können, und wie Sie verführt werden wollen. Ihre Wünsche, Ihre Abneigungen, Ihre Phantasien.

Das *Liebesspiel der Sterne* ist ein anregendes Nachschlagewerk für die Höhen und Tiefen Ihres Liebeslebens. Auf spielerische Art können Sie die kosmischen Energien ermitteln, die Ihre erotische Persönlichkeit bestimmen. Nehmen Sie Abschied von bekannten Horoskop-Floskeln! Lieben Sie los!

Autor

Dietmar Bittrich ist einer von den berüchtigten zwölf Marsmenschen, die während der Endeavor-Mission im Sommer 1997 unerkannt auf die Erde gekommen sind. Aufgabe dieser Marsmenschen ist es eigentlich, das Liebesleben auf der Erde anzukurbeln. In Wahrheit stiften sie ziemlich viel Verwirrung. Dietmar Bittrich gibt sich zwar als Erdenmensch aus, sogar als Mann, aber es ist unklar, ob er überhaupt weiß, wie das geht. Allerdings hat er uns versichert, daß er die Einnahmen aus diesem Buch sämtlich für hungrige kleine Marskinder spenden will. Und wir haben keinen Grund, daran zu zweifeln.

Orakel im Goldmann Verlag
Dietmar Bittrich. Das Gummibärchen-Orakel (44164)

Humor im Goldmann Verlag
Kentucky Schreit Ficken. Die besten Sketche aus der RTL-Kultsendung »Samstag Nacht« (44193)

Dietmar Bittrich

Das Liebesspiel der Sterne

Ein Blick in die Sterne.
Und Sie wissen alles
über die nächste Nacht!

GOLDMANN

Umwelthinweis:
Alle bedruckten Materialien dieses Taschenbuches
sind chlorfrei und umweltschonend.

Genehmigte Taschenbuchausgabe 10/99
Copyright © der Originalausgabe 1997
by Pendragon Verlag, Bielefeld
Copyright © dieser Ausgabe 1999 by
Wilhelm Goldmann Verlag, München,
in der Verlagsgruppe Bertelsmann GmbH
Umschlaggestaltung: Design Team München
nach einer Idee von Bettina von Boddien
Grafiken im Buch: Christophe P. Jacobs
Druck: Elsnerdruck, Berlin
Verlagsnummer: 44409
FB · Herstellung: Sebastian Strohmaier
DTP: Carola Teppe/Max Widmaier
Made in Germany
ISBN 3-442-44409-8

3 5 7 9 10 8 6 4 2

Sie wollen sofort wissen, woran Sie sind?
Na gut. Dann schlagen Sie nach:

Aber Sie kennen das.

Mancher Stier ist gar kein typischer Stier. Mancher Löwe beherrscht vor lauter Schüchternheit das Brüllen nicht. Und mancher Fisch ist viel frecher als sein Horoskop erlaubt. Auch was Astrologen oder Zeitschriften über Sie behaupten, trifft zuweilen überhaupt nicht zu. Das liegt daran, daß Sie kein reiner Stier oder Löwe oder Fisch sind. Sie werden auch von den Energien anderer Zeichen beeinflußt – oft sogar stärker als von Ihrem Geburtszeichen. Ein Astrologe kann Ihnen das ausrechnen und erklären. Aber Sie können es auch leichter haben. Und preiswerter. Sie können es spielerisch herausfinden. Mit unserem patentierten Spiel der Energien.

Blättern Sie um.

Das Spiel der Energien

Rechts sehen Sie vier Symbole. Welches spricht Sie am meisten an? Blitz? Feder? Traube? Meer?
Welches setzt Ihre erotische Phantasie in Gang?
Na? Okay. Dann ist das Ihr erstes Energie-Symbol.
Nun wählen Sie dasjenige, zu dem Ihnen auch noch was einfällt. Und das ist Ihr zweites Energie-Symbol.
Sie haben zwei Symbole gewählt. Fertig.
Nun blättern Sie um. Sie sehen die zwölf möglichen Kombinationen. Und erfahren, von welcher Energie Sie beeinflußt sind. Ihr Geburtszeichen kannten Sie schon. Nun wissen Sie, welche erotische Kraft zusätzlich – oder hauptsächlich – in Ihnen knistert. Und können nachlesen, was das für Ihr Liebesleben bedeutet. Jetzt und heute.
Denn so etwas ändert sich mit der Zeit. Die Sonne wandert in andere Zeichen, die Planeten ziehen weiter, der Mond wechselt. Sie selbst verändern sich. Auf Ihrer nächsten Party flackern vielleicht schon ganz andere Energien in Ihnen. Es funkt anderswo. Mit einem anderen Lover. Testen Sie ihn doch gleich mal!

Wenn Sie mehr wissen wollen über die psychologischen Hintergründe, schlagen Sie nach auf Seite 185 unter Fragen und Antworten.

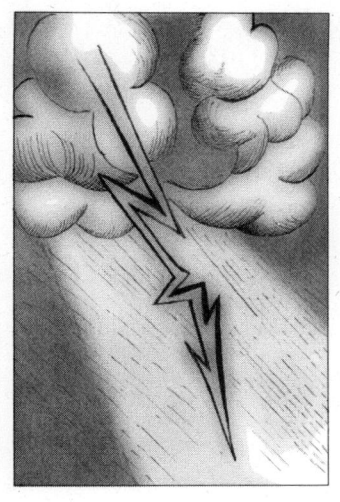

Auswertung

Sie haben Löwe-Energie

Sie haben Widder-Energie

Sie haben Schütze-Energie

Sie haben Stier-Energie

Sie haben Steinbock-Energie

Sie haben Jungfrau-Energie

Auswertung

  Sie haben Skorpion-Energie

 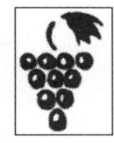 Sie haben Krebs-Energie

 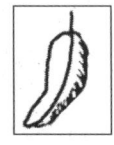 Sie haben Fische-Energie

  Sie haben Wassermann-Energie

 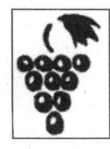 Sie haben Waage-Energie

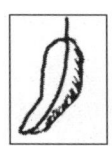  Sie haben Zwillinge-Energie

Sie sind eine Frau

Sie sind ein Mann

Sie sind eine Frau

Sie sind eine Frau.
Sie haben Widder-Energie.

Was Ihnen angeboren ist, und was Sie lernen müssen

Sie hatten bereits im Kindergarten Sexappeal und haben in der Schule die Jungs zittern lassen. Sie sind als erste in die Pubertät gekommen und haben ohne Scheu Erfahrungen gesammelt. Von Routine, Konventionen oder Tabus halten Sie nichts. Sie leben Ihre Sexualität aus, wie Sie es für richtig halten. Ihr körperliches Selbstbewußtsein, Ihr Temperament und Ihre vibrierende Ungeduld nehmen Männer als funkelnde erotische Ausstrahlung wahr. Dabei sind Ihre Bewegungen eher eckig als geschmeidig, eher heftig als behutsam. Das sind äußere Symptome einer Eigenschaft, die Ihren Bettgenossen ab und zu in die Quere kommt: mangelnde Anpassungsfähigkeit. Sich auf die Wünsche eines Partners einzulassen, fällt Ihnen schwer. Sie wollen nicht passiv sein. Und übereifrige Therapeuten behaupten sogar, Sie müßten lernen, sich fallen zu lassen. Eine Veränderung in Richtung Weichheit und Offenheit werde Ihre Orgasmusfähigkeit erhöhen. Wir meinen: Sie ist schon hoch genug.

Wie Sie verführen, und wie Sie verführt werden wollen

Irrtümlich glauben Sie, Sie werden eher von ihrem Verstand als von Ihren Gefühlen geleitet. Deshalb schätzen Sie es, wenn ein Mann Ihren Intellekt anspricht – mit dem Besuch eines Theaterstücks oder einer Kunstausstellung. Er sollte nur pünktlich sein, Sie warten nicht gern. Wenn er dann behauptet, Sie seien im Innersten hauchzart und weichherzig, hat er fast schon gewonnen. Von da an allerdings übernehmen Sie die Führung. Dank Ihrer Impulsivität sind Sie schnell zu begeistern und gehen direkt auf Ihr Ziel los. Sie brauchen weder ein besonderes Ambiente noch einen vertrauten Ort noch lange Gewöhnungsphasen. Sie möchten Abenteuer erleben, vielleicht kurze, auf jeden Fall intensive. Sie spielen nicht die Spröde und zieren sich nicht aus Taktik. Vielmehr haben Sie etwas Unmißverständliches und Forderndes, das manchem Mann bereits früh die Lenden schlottern läßt.

Ihre Wünsche im Bett, Ihre Abneigungen

Enthaltsam zu leben, fällt Ihnen schwerer als allen anderen Frauen. Sie wollen unverblümten Sex. Neckereien und umständliche Vorspiele darf sich der Mann für kompliziertere Fälle aufheben. Nur stark soll er sein, wenn auch vielleicht nicht ganz so stark wie Sie. Weil Sie stolz sind und das Liebesspiel als Kräftemessen erleben, sehen Sie den Partner gern unterliegen. Noch die schüchternste Widder-Frau sitzt gern oben. Sie wollen die Kontrolle haben und die Bewegungen diktieren. Sie sind die Dominante und nicht selten die Domina. Sie haben nichts dagegen, wenn der Mann wimmert und heult. Sie lieben es laut. Sie schreien, Sie kratzen, Sie beißen. Und wenn er willig ist, erniedrigen Sie ihn. Denn Sie haben ein Faible für Schockierendes, genießen das Verbotene und probieren nahezu alles aus, was sich bietet.

Ihre sensiblen Zonen

Wenn ein Mann Ihr Ohrläppchen berührt und Ihnen sanft übers Haar streicht, knistert es verheißungsvoll. Denn Haare, Ohren, Augenlider, Kopf und Gesicht sind Ihre empfindlichsten Zonen. Wenn ein Mann Sie dort zu streicheln weiß, kann er den Ausbruch eines Vulkans erleben – und das ist oft mehr, als er beabsichtigt hat.

Ihre verborgenen Phantasien

Normalerweise erleben Sie in der Realität heftigen Sex. Dann träumen Sie vom Gegenteil: von Leichtigkeit und Harmonie, von einem zarten, poetischen Liebhaber, von einer harmonisch abgestimmten Umgebung, von langsamen Entkleidungsspielen in feiner Wäsche, von Hingabe und Verschmelzen. Wenn Sie sich jedoch in der Realität unterfordert und vernachlässigt fühlen – und Sie sind schnell unzufrieden –, gehen Ihre Phantasien ins Feurige. Dann ist der Tag mit Abenteuern gespickt. Sie stellen sich vor, wie der Mann neben Ihnen im Kino zudringlich wird, wie Sie den Spieß umdrehen und ihn rücksichtslos vernaschen. Im Bus ist es der Fahrgast auf der letzten Bank, den Sie noch kurz vor Ihrer Haltestelle verführen. Im Park schnappen Sie sich den Jogger und reißen ihn hinter einen Baum. Die Realität wird nie mithalten.

Sie und Ihre Männer

Sie und der Widder-Mann

Feuriger Blitzstart mit nächtlichen Tropengewittern, danach Schauer und rasches Abkühlen. Sie wollen im Bett dominieren, er ebenfalls. Anfangs heizt das die erotischen Energien mächtig an. Da wird gerungen, gebissen, gekratzt, und der Orgasmus kommt lautstark als große Erlösung urgewaltiger Spannungen. Weil aber keiner wirklich auf den anderen eingeht, stellt sich erst Rätselraten, dann Frust ein. Jeder wirft dem anderen Egoismus vor, übrigens jeder zu Recht. Eine kometenhafte Affäre, sehenswert, hörenswert, aber sternschnuppenhaft kurz.

Sie und der Stier-Mann

Sie sind spontan. Ungestüm. Impulsiv. Sie wollen ins Bett gehen, wann immer Ihnen danach ist. Der Stier-Mann hingegen plant gern voraus. Er setzt ein Festmahl an, wählt umständlich Musik aus, will es gemütlich haben. Er will genußvolle Sinnlichkeit mit Entspannungsqualitäten, Sie jedoch möchten ein bißchen kämpfen. Einer wird immer zurückstecken müssen, meist ist es der Stier. Dann macht er geduldig mit, was Sie anzetteln. Doch das ist Ihnen auch wieder nicht recht. Sie wollen Leidenschaft, keine Gutmütigkeit. Armer Stier!

Sie und der Zwillinge-Mann

Er ist ähnlich ruhelos wie Sie, ähnlich aktiv, ähnlich neugierig. Im Bett ist er anpassungsfähig und läßt sich von Ihnen beherrschen, wenngleich er auch Ihre animalischen Züge nicht so ganz teilen kann. Leidenschaft ist ihm im Grunde ein Rätsel. Er genießt das Ganze als Show. Mal macht er hemmungslos mit, mal verweigert er sich. Gerade von dieser Wechselhaftigkeit fühlen Sie sich herausgefordert, mit etwas Glück immer aufs neue. Er schielt nach anderen, bewundert aber am meisten Sie. Wären Sie beide treu – das Aufregende würde Ihnen erhalten bleiben.

Sie und der Krebs-Mann

Anfangs herrscht zwischen diesen beiden Zeichen eine magische erotische Anziehung. Dem Krebs-Mann jagt Ihre Domina-Attitüde Schauer über den Rücken und weiter bis ins Zentrum seines Sexual-Chakras. Er wundert sich über seine Potenz. Die hat er Ihnen zu verdanken. Doch mit der Zeit findet er Sie zu fordernd. Er vergräbt sich, findet Ausflüchte und wundert sich, daß Sie schnell zur Sache kommen wollen. Sie sind ungeduldig, er reagiert verunsichert. Aus heiterem Himmel wird er eifersüchtig. Das mögen Sie nun gar nicht. Es endet schmerzhaft für ihn.

Sie und der Löwe-Mann

Sie fallen nicht gerade auf die Knie vor Bewunderung, aber Sie haben etwas übrig für den großspurigen Löwen. Sie applaudieren ihm, und das stimuliert ihn zu phänomenalen Leistungen. Um Ihre Bedürfnisse kümmert er sich kaum; aber das macht nichts. Sie erstreiten sich Ihr Recht. Womöglich brüllen Sie sogar besser als er. Erotische Raffinessen wird es in dieser Beziehung wenig geben, aber viel Feuerkraft und echte, krallenscharfe Leidenschaft. Streitigkeiten im Alltag werden nachts veredelt. Kleine Affären kommen bei beiden vor und sind verzeihlich.

Sie und der Jungfrau-Mann

Der Jungfrau-Mann bestaunt Ihr Temperament. Ein bißchen gruselt ihm auch davor. Sie freuen sich über seinen Respekt und seine Ausdauer, und vor allem darüber, daß er bereitwillig und gehorsam auf Ihre Wünsche eingeht. Doch auf die Dauer spüren Sie bei ihm mehr artigen Fleiß als erotische Spannung. Während er Sie streichelt und küßt, scheint er wie an seinem Computer auf ein Ergebnis zu warten. Sie wollen verzehrende Leidenschaft; er geht wie ein Mathematiker zu Werke. Sie schicken ihn zurück in die Welt der Vernunft.

Sie und der Waage-Mann

Ihre Aggressivität bringt im Waage-Mann Seiten zum Vorschein, die keine andere je an ihm entdeckte. Noch nicht einmal er selbst wußte etwas davon. Mit Ihnen ins Bett zu gehen genießt er wie ein exotisches Abenteuer. Er tut alles, was Sie befehlen, und versucht es mit Phantasie zu erweitern und zu übertreffen. Das ist wunderbar für eine Affäre. Ihnen gefällt sein ästhetisches Raffinement, sein Ideenreichtum, sein Vorstellungsvermögen. Mit der Zeit stellen Sie allerdings ein Defizit an körperlichem Vermögen fest. Er ist Ihnen einfach nicht kraftvoll genug.

Sie und der Skorpion-Mann

Das wird hitzig. Und gefährlich. Sie haben beide reichlich sexuelle Energie. Sie sind beide egozentrisch. Und Sie wollen beide herrschen. Im Bett geht es rücksichtslos zu. Da wird geliebt und gerungen und gekämpft, bis zu jenem ekstatischen Zustand, wo Lust und Schmerz ununterscheidbar sind. Sie haben beide am Morgen Kratzer, blaue Flecken und einmalige Erinnerungen. Der Skorpion-Mann allerdings braucht Komplikationen zum Leben. Mit Kritik und Eifersucht beschwört er zielsicher Streit herauf. Und dann kann die Intensität auf einmal sehr weh tun.

Sie und der Schütze-Mann

Sie begeistern sich schnell füreinander. Und mag es auf beiden Seiten auch nur ein Strohfeuer sein: Die Nächte sind hell davon. Der Schütze-Mann bringt das spielerische Element mit ins Bett, das Ihnen manchmal fehlt. Auch bringt er Frische in Ihr selbstverständlich bestens gelüftetes Schlafzimmer. Er kombiniert Sex mit Humor. Und Sie steuern jenen kraftvollen Optimismus bei, den er zur Befriedigung braucht. Er ist geschickt; Sie haben die Power, die ihn beflügelt. Konflikten geht er aus dem Weg, Sie steuern drauf zu. Das wird die Sache anheizen.

Sie und der Steinbock-Mann

Bei diesem Gefährten brauchen Sie etwas, was Sie eigentlich nicht haben: Geduld. Er braucht Zeit, um sich zu öffnen,

Zeit, um seine erotische Energie ungehemmt auszuleben. Wenn Sie die Hoffnung nicht aufgeben, werden Sie belohnt. Zwar neigt er zu festen Gewohnheiten und Ritualen im Bett, doch von Ihnen läßt er sich zu Neuem verführen. Er hat Schwierigkeiten, sich ganz hinzugeben. Dagegen mag er es, wenn er ein bißchen bestraft wird – und da sind Sie die Richtige. Sie sind impulsiv, er kontrolliert: Das ist schlecht für eine Affäre, aber gut auf lange Sicht.

Sie und der Wassermann

Sie – vielleicht nur Sie – können den Wassermann zur Raison bringen, wenn er sich mal wieder in seinen Gedanken verliert. Er vergißt manchmal, daß er gerade Sex macht. Bei Ihnen bestimmt nicht. Dank Ihrer Kompromißlosigkeit wecken Sie sogar, was andere Frauen vergeblich bei ihm suchten: körperliche Leidenschaft. Seine Phantasie, die ins Geistige und Kuriose tendiert, machen Sie für die Erotik nutzbar. Das bringt ungewöhnliche und ereignisreiche Nächte. Wenn Sie ihm – was Sie ungern tun – allen Freiraum zum Flirten gewähren, wird die Liebe halten.

Sie und der Fische-Mann

Die erotische Intuition des Fische-Mannes begeistert Sie. Er gibt sich Ihnen hin. Und beinahe von selbst macht er alles richtig. Erstens scheint er für Ihren Körper ohnehin den sechsten Sinn zu haben. Zweitens überträgt sich Ihr sexuelles Selbstvertrauen auf ihn und befreit ihn aus seiner angeborenen Scheu. Zusammen lassen Sie die Balken beben und erweitern die Grenzen des Möglichen. Seine sinnlichen Phantasien erregen Sie. Seine Geschmeidigkeit läßt Sie seufzen. Doch Ihrer beiden Temperamente sind im Alltag sehr verschieden. Zu erwarten sind leichte Nächte, schwere Tage.

  *Sie sind eine Frau.*
Sie haben Stier-Energie.

Was Ihnen angeboren ist, und was Sie lernen müssen
Sie sind die Sinnlichste im Tierkreis. Sie wollen die Liebe rie-
chen, schmecken, sehen, hören, fühlen. Sie wollen kuscheln
und kosen. Und Sie sind auch dafür geschaffen. Ihre Haut
ist glatt und sanft. Sie haben verlockende Formen. Einen
lockenden Blick. Und Sie sind Gourmet. Und Sie wollen
schwelgen. Ohne Hautkontakt können Sie nicht leben.
Zärtlichkeit ist Ihre natürlichste Gabe. Sie umarmen, streicheln, liebkosen häufiger als Frauen unter anderen Zeichen.
Und Sie lecken sich die Lippen nach Sex. Sie haben Appetit. Sie wollen genießen, am liebsten täglich. Ihr erotisches
Verlangen ist am wenigsten abhängig von Äußerlichkeiten,
von Stimmungen, Tages- oder Jahreszeiten. Umgekehrt hat
die Erfüllung dieses Verlangens entscheidenden Einfluß auf
Ihr Wohlbefinden. Sie werden lernen, daß mancher Partner
durch Ihre Triebstärke verunsichert wird – und daß Sie oft
mehr bekommen, wenn Sie weniger fordern.

Wie Sie verführen, und wie Sie verführt werden wollen
Um genießen zu können, brauchen Sie ein Gefühl der
Sicherheit. Am liebsten ist Ihnen eine feste Beziehung. In so
einer stecken Sie auch meist, und Sie auf Seitenpfade zu
locken ist schwierig. Affären kommen bei Ihnen nur vor,
wenn Sie notorisch unterversorgt sind. Aber wenn das der
Fall ist, werden Sie dem Mann nicht sagen, was und wieviel
er zu tun hat. Sie becircen ihn, Sie locken ihn, Sie reizen ihn
auf, doch die ersten handfesten Schritte soll er tun. Sie
suchen den Verführer aus. Erobern jedoch soll dann er, am

besten auf altmodische Art. Er darf Ihnen etwas zur Gitarre vorsingen, darf kochen oder Sie zum Essen einladen, Gespräche über Musik und Bücher mit Ihnen führen, er soll Geschenke machen und Blumen bringen und den Eindruck erwecken, daß es ihm ernst ist. Dann darf er offen sagen, daß es wohl an der Zeit sei, ins Bett zu gehen. Sie sind ganz seiner Meinung.

Ihre Wünsche im Bett, Ihre Abneigungen

Sie kommen langsam, aber gewaltig. Für einen Quickie sind Sie nicht zu haben. Sie verlangen ein opulentes Vorspiel mit allem Zauber der Zärtlichkeit und ein romantisches Nachspiel. Besser noch: eine gleich anschließende Wiederholung. Sie mögen es, wenn ein gewisser Druck ausgeübt wird. Sie spielen die Hinhaltende, Sie täuschen Widerstand vor, um von ihrem Partner genommen zu werden und wie eine Jagdbeute in seinen Armen zu liegen. Die Vorstellung, ihm ausgeliefert zu sein, erregt Sie bis in die Unterwäsche. Wunderbar, wenn er Ihre seidenen Dessous zerreißt. Er hat Sie Ihnen ja geschenkt und kauft bald neue. Sie halten sein zugleich zartes und hartes Werkzeug gern in der Hand, drehen es, massieren es. Im übrigen macht Ihnen alles Orale Spaß: Saugen, Küssen, Beißen. Fellatio können Sie zur Meisterschaft entwickeln. Verstiegene Techniken brauchen Sie nicht, doch Sie sind neugierig und lehnen nichts ab. Nur mit Asketen können Sie nichts anfangen.

Ihre sensiblen Zonen

Sie lieben es, wenn Ihr Partner Sie im Nacken krault und dann ein wenig fester zugreift. Und seine Küsse auf Ihrer scheinbar wehrlos hingestreckten Kehle lassen Sie seufzen wie eine gekaperte Prinzessin. Hals und Nacken sind Ihre empfindlichsten Zonen. Und wenn er Sie später andeutungsweise würgt – wohlgemerkt andeutungsweise – wird das Ihren Orgasmus zu taumelnder Intensität steigern.

Ihre verborgenen Phantasien

Sie träumen von Männern, die Ihnen rücksichtslos zusetzen. Sie laufen davon und fliehen, hinter Ihnen japst der nackte Verfolger, reißt Sie nieder und nimmt Sie im Sturm. Es kann auch ein dunkler Kerl in Ledermontur sein, der Sie ausweglos in die Enge treibt, in den Staub stößt, breitbeinig über Ihnen steht und seine Hose aufplatzen läßt. Oder gar ein Kannibale, der Ihnen die Kleider vom Leib reißt, um Brüste und Schenkel anzuknabbern. Zum einen haben Sie diese Gewaltphantasien, während Sie in der Wirklichkeit das Behutsame lieben. Zum anderen denken Sie an Schmutz und Chaos, während Sie in der Realität die Harmonie lieben. So wälzen Sie sich nackt in den Resten eines Buffets, während die männlichen Gäste über Sie herfallen, oder suhlen sich in einem ländlichen Schweinestall mit dem Hirten. In Ihren nächtlichen Träumen werden Sie von Männern heimgesucht, an die Sie bei Tag nicht zu denken wagen.

Sie und Ihre Männer

Sie und der Widder-Mann

Sie mögen die sexuelle Energie des Widder-Mannes. Auch mit seiner Dominanz im Bett können Sie sich anfreunden. Nur wollen Sie nicht gedrängt werden, und drängen tut er. Er ist Ihnen zu impulsiv, zu kämpferisch, zu egoistisch. Sie finden ihn nicht wirklich sinnlich. Er nimmt sich keine Zeit zum Genießen. Im übrigen haben Sie etwas dagegen, wenn ein Mann nur auf Abenteuer aus ist. Und das ist er. Falls Sie ihn aber – zu seiner eigenen Überraschung – an sich binden und seine Untreue eindämmen können, ist eine feurige Erotik auf Dauer garantiert.

Sie und der Stier-Mann

Der Frühling hat Ihnen beiden knospende, treibende, blühende Lust in die Gene gelegt. Aber Ihr Gefährte lebt diese Kraft oft nur triebhaft aus, während Sie sich nicht ohne Gefühle hingeben. Beide mögen Sie nicht ohne Hautkontakt leben. Aber er will Hautkontakt auch mit anderen Frauen, während Sie loyal zu einem Partner stehen und Spiele auf fremden Weiden nicht tolerieren. Im Bett ist er robust bis ruppig, während Sie Einfühlsamkeit erwarten. Eine kurze Begegnung wird leidenschaftlich sein, auf lange Sicht überwiegen die Komplikationen.

Sie und der Zwillinge-Mann

Die Vielseitigkeit des Zwillinge-Mannes zieht Sie zunächst an. Im Bett hat er jene spielerische Leichtigkeit, die Sie bei Ihrem melancholischen Temperament gelegentlich vermissen. Noch kurz vor dem Orgasmus ist er luftig, lustig und behende. Doch mit der Zeit vermissen Sie das Feuer. Er spielt immer nur mit Streichhölzern, während Sie die Flammen lodern lassen. Ihn wiederum irritiert Ihre Langsamkeit. Sie nähern sich der Sache zu umwegig, findet er, zu beschaulich, zu gefühlsbeladen. Sex mit Herz ist nun mal nicht seine Sache. Sie sind schnell desillusioniert.

Sie und der Krebs-Mann

Die Launenhaftigkeit des Krebs-Mannes gleichen Sie wunderbar aus. Zum Dank bringt er Feingefühl ins Bett. Bei aller Männlichkeit zeigt er auch seine zarten weiblichen Seiten. Wie Sie weiß er die Wonnen der Langsamkeit zu schätzen. Er weckt die Diva in Ihnen. Falls Sie vor Reizwäsche bislang zurückscheuten, mit ihm macht das Raffinement Spaß. Er teilt Ihr Faible für Leck- und Schleck- und Knabber-Künste. Und wie er Sie anfaßt und sich zwischen Ihre Brüste schiebt, das macht ihm so bald keiner nach. Eine leidenschaftliche Verbindung.

Sie und der Löwe-Mann

Seine Angeberei finden Sie einerseits überflüssig, andererseits lustig. Und wenn er im Bett zu großer Form aufläuft, haben Sie zweifellos Ihren Spaß. Sein äquatoriales Feuer beeindruckt Sie. Manchmal können Sie ihn auch zu einem wildkatzenhaften Vorspiel verleiten. Und ab und zu sind Sie so schlau, sich ihm zu unterwerfen, so daß er in olympischer Siegerpose alles tut, was Sie wollen. Aber meist geht er Ihnen dann doch zu eitel und grobianisch ans Werk. Irgendwann werden Sie seiner Show müde, die er ohnehin noch anderen zeigen will.

Sie und der Jungfrau-Mann

Er hat einen Hang zum Puritaner und Asketen, so daß alle Aktivität an Ihnen hängt. Nur am Anfang wird er Sie ins Bett ziehen. Danach sind Sie die Treibende und überfordern ihn womöglich. Daß er es ganz konventionell mag, stört Sie kaum. Schließlich tut er alles, um Sie zufriedenzustellen; Sie müssen nur sagen, was Sie wollen. Er hat zwar etwas Lehrerhaftes, doch von Ihnen lernt er gern. Nur Leidenschaft werden Sie ihm nicht beibringen. Wenn Sie jedoch bereit sind, sein dauerhaftes Flämmchen als Feuer anzuerkennen, werden Sie lange Spaß haben.

Sie und der Waage-Mann

Wie Sie ist er warm und sinnlich. Sie beide genießen Sex als künstlerische Veranstaltung, der Waage-Mann etwas feinsinniger, Sie etwas zupackender. Er geht behutsam vor und nimmt Rücksicht auf Ihre Bedürfnisse, und weil er ausdauernd ist, stören Sie sich nicht an seinem Hang zum Exhibitionismus. Er hat nichts dagegen, wenn Sie die Verführende sind und im Bett den Ton angeben. Es soll ja vorkommen, daß ein Waage-Mann beim Liebesspiel einschläft. Aber nicht bei Ihnen. Nicht im Bett einer Stier-Frau. Die Kombination verspricht viele feine Nächte.

Sie und der Skorpion-Mann

Sein sexueller Appetit ist noch etwas größer als Ihrer. Ja, er hat etwas Manisches. Und die Art, wie er seinen Hunger stillt, wirkt bisweilen süchtig und rücksichtslos. Sie werden kämpfen müssen. Er hat Sinn für allerlei, was schmerzt und was Ihnen bizarr bis pervers vorkommt. Nur wenn er Sie vorsichtig führt, lassen Sie sich zu seinen sonderbaren Lüsten verleiten. Dann allerdings sind stürmische, blitzdurchzuckte Nächte garantiert. Und da Sie beide loyal sind, sogar auf lange Sicht. Die Tage freilich werden voller Streitigkeiten sein.

Sie und der Schütze-Mann

Sie sind voller Begierde, er ist voller Lust. Bei Ihnen kommt die Leidenschaft aus der Tiefe, bei ihm bleibt der Spaß an der Oberfläche. Er entzieht sich, das reizt Sie. Er ist ein Spieler im Bett, und Sie spielen mit, vorausgesetzt er selbst hält durch, was leider keineswegs seine Stärke ist. Wenn ihm Ihre Begierde zu unheimlich und überwältigend vorkommt, macht er schnell einen abtörnenden Witz. Das ergibt eine lustige Liebe für einen Sommer. Dann will er auch anderen nachjagen, und Sie merken, daß Ihnen sein erotisches Erleben nicht genügt.

Sie und der Steinbock-Mann

Sonderlich romantisch ist diese Beziehung nicht. Doch im Bett bleiben kaum Wünsche offen. Zwar wäre es dem Steinbock-Mann lieber, wenn Sie ihm mehr die Führung überlassen würden. Und Ihnen wäre es lieber, wenn er offener und hingebender wäre. Doch im Begehren steht keiner dem anderen nach, und beide kommen ohne umständliche Verrenkungen mühelos zu Höhepunkten. Andere Frauen fänden diesen Mann mit der Zeit trocken und langweilig. Sie jedoch sind in der Lage, unter seiner Lavakruste den schlummernden Vulkan zu wecken.

Sie und der Wassermann

Der Wassermann ist an Sex nur mäßig interessiert. Ihre lodernde Leidenschaft kann er schon gar nicht verstehen. Er empfindet Ihr Verlangen als übertrieben. Doch seine Neugier ist groß, und er nutzt Ihre erotische Intensität, um mit neuen Techniken zu experimentieren. Er hat da was von Kamasutra und chinesischen Stellungen gelesen. Und er probiert gerne etwas aus. Das gefällt Ihnen für ein paar Nächte, aber sein technisches Interesse erfüllt nicht das, was Sie sich unter einem befriedigenden Liebesleben vorstellen. Sie lassen ihn freundlich seiner Wege ziehen.

Sie und der Fische-Mann

Er ist ziemlich unberechenbar im Bett. Sie aber wissen gern, woran Sie sind. Also müssen Sie Herrschaft und Lenkung übernehmen. Das mag er auch ganz gern, sofern Sie ihm den Freiraum lassen, seine Phantasien auszuleben. Diese Phantasien haben viel mit Strafen zu tun und mit Bestraftwerden – und auch mit anderen Frauen. Wenn Sie da mitspielen wollen, wird es abwechslungsreich. Und wenn Sie Königin der Nacht sein wollen, können Sie beide ein unzertrennliches Paar werden. Wenn Sie sich lieber verführen und leiten lassen, brauchen Sie einen anderen.

Sie sind eine Frau.
Sie haben Zwillinge-Energie.

Was Ihnen angeboren ist, und was Sie lernen müssen
Niemand braucht Sie aufzufordern, über Sex zu reden. Das
haben Sie schon immer getan, schon früh, eher jedenfalls, als
Ihren Eltern und Lehrern lieb war. Noch bevor Sie Ihre
ersten Erfahrungen machten, haben Sie Ihren Freundinnen
lustige Bettgeschichten erzählt und frech und fröhlich allerlei Funktionen, Praktiken und Stellungen erläutert. Ja, Sie
sind die Königin der Verbalerotik. Sie informieren sich über
die neuesten Erkenntnisse der Sex-Forschung und probieren
auch gern, was Sie studieren. Sie sind einfach zu neugierig,
um prüde zu sein. Doch unter uns gesagt – bei aller Mun-
terkeit bleiben Ihre Erlebnisse etwas oberflächlich. Sinnlichkeit ist nicht Ihre hervorstechendste Stärke. Sie neigen
dazu, Aufregung bereits für Erregung zu halten. Irgendwann
in Ihrem bunten Leben werden Sie in der Liebe nicht mehr
die kribbelnde Spannung suchen, nicht den knisternden
Reiz, nicht die Ablenkung, sondern nur die Liebe selbst.
Und dann erleben Sie den Orgasmus, der aus der Tiefe
kommt. Ach, haben Sie schon? Na, bitte!

Wie Sie verführen, und wie Sie verführt werden wollen
Also, Sie sind neugierig. Sie wollen herumprobieren. Wollen Männer testen. Ihre Gefühle spielen dabei zunächst nicht
die allergrößte Rolle. Sie flirten gern und flirten viel und
bleiben dabei unverbindlich. Welchen Mann Sie sich ins
Bett holen, bleibt oft dem Zufall oder einer plötzlichen
Laune überlassen. Meist wird es ein Mann sein, dessen Temperament sich nicht allzu sehr von Ihrem eigenen unter-

scheidet. Sie verwickeln ihn in ein pointenreiches Zwiegespräch, zwitschern erfrischend, und falls er nicht selbst drauf kommt, fragen Sie beiläufig: Sag mal, wollen wir nicht? Heh? Hast du nicht Lust? Und auch umgekehrt sind Sie eher durch witzige Dialoge und intellektuelle Blitzlichter zu verführen als durch brünstige Liebesschwüre. Von tiefen Blicken lassen Sie sich nicht beeindrucken, auch nicht von geheimnisvollen Versprechungen. Sie wollen geistreich aufs Kreuz gelegt werden.

Ihre Wünsche im Bett, Ihre Abneigungen

Spielerisch soll es zugehen bei Ihnen. Und am liebsten jedesmal etwas anders. Sie brauchen reichlich Abwechslung, und wenn das mit einem Mann nicht möglich ist, brauchen Sie mehrere Männer. Sie machen vieles mit, und fast nichts ist Ihnen peinlich. Männer allerdings, die schweigend und schwermütig zu Werke gehen, die Erotik mit Mystik umgeben und das heitere Spiel mit Bedeutung aufladen, die sind Ihnen unheimlich. Gern tun Sie zweierlei auf einmal: Während Sie schmusen oder Prickelndes flüstern, erkunden Sie die empfindlichsten Bereiche. Während Sie mit Lippen und Zunge betäubende Wirkungen erreichen, lassen Sie lustig und flink Ihre Finger spielen. Ach, übrigens: So ein ganz kleines winziges bißchen neigen Sie zur Bisexualität. Was ja ganz lustig sein kann. Und weil Sie sich gern verkleiden, können Sie für private Travestieshows im Schlafzimmer sorgen. Sie lassen sich durch Worte stimulieren und stimulieren selbst gern durch Worte. Sie sind unbezahlte Meisterin im Telefonsex.

Ihre sensiblen Zonen

Ein Handkuß kann Erstaunliches bei Ihnen bewirken. Und wenn ein begehrenswerter Mann sanft über Ihren Arm streicht, erschauern Sie vor Lust und Wonne. Arme, Hände, Finger sind bei Ihnen ungewöhnlich sensibel. Erstens im aktiven Sinne – wenn Sie streicheln oder massieren. Zweitens im passiven Sinne: Sie lieben es, wenn ein Mann mit Lippen und Zunge Ihre schlanken Finger umspielt. Und wenn er die einmalig zarte Innenseite Ihres Armes küßt, etwa am Ellenbogen, legen Sie sich willig zurück.

Ihre verborgenen Phantasien
Der Radiosprecher fasziniert Sie, auch über den neuen Briefträger denken Sie nach, über den Fahrradboten, den Animateur im Freizeitclub, den Moderator im Fernsehen. Ihre Phantasie bezieht sich weniger auf Praktiken als auf Personen. Sie lassen eine bunte Schar vorbeiparadieren. Kostümbälle stellen Sie sich vor, auch die Begegnung mit Komödianten, Kabarettisten, Chansonniers, selbst das luftige Liebesleben der Akrobaten unter der Zirkuskuppel. Gern dürfen es muntere Männer in fernen Ländern sein, Reisende, Abenteurer, ebenso Männer aus fernen Zeiten: Warum nicht Heinrich VIII. verführen? Casanova eins auswischen? Rasputin testen? Oder auf höfischen Festen die maskierten Prinzen der Reihe nach erotischen Prüfungen unterwerfen! Sollen wir Ihren festen Partner bedauern oder glücklich preisen? In Ihrer Phantasie wird er in jeder Nacht durch einen anderen ersetzt.

Sie und Ihre Männer

Sie und der Widder-Mann
Er hat ja wenig Geduld im Bett. Doch das finden Sie eher komisch als bedrängend, zumal Ihnen Sex nicht gar so wichtig ist. Sie necken ihn, spielen mit ihm und freuen sich, wenn

er richtig feurig schnaubt. Andere Frauen finden seinen wilden Sex rüde und beängstigend, Sie amüsieren sich über den Wüterich. Ihn wiederum törnt Ihre Wechselhaftigkeit an, Ihre Fingerfertigkeit, Ihr Einfallsreichtum. Und schließlich lieben Sie beide die Abwechslung. Falls das bei ihm jedoch zur Untreue führt, werden Sie sich nicht lange grämen, sondern umgehend gleichziehen.

Sie und der Stier-Mann
Anfangs genießt er Ihren Humor und Ihre Leichtigkeit. Er empfindet Sie als prickelnde, luftige Zauberin. Doch mit der Zeit hat er das Gefühl, seine Potenz werde nicht ganz ernstgenommen. Weil Sie lieber lachen als orgasmisch schreien. Und Sie finden seine Leidenschaft merkwürdig. Übertreibt er nicht mit seinem Ungestüm? Warum schnauft er so, daß er das Spielerische erdrückt? Er indessen meint, Sie machen nicht richtig mit. Und statt nur seine glühende Gewalt zu bewundern, flirten Sie dauernd herum. Nein, das wird er nicht dulden.

Sie und der Zwillinge-Mann
Solange diese Verbindung hält, gibt es reichlich Spaß im Schlafzimmer oder wo sonst die Kleider fliegen. Die fliegen allerdings so, daß sich das Chaos ausbreitet, und bald klagt einer über den anderen. Die Nächte sind turbulent, sind erfrischend, doch bei Tag kommen Sie ins Grübeln, und er auch: Sie haben beide das Gefühl, da fehle was. Da müßte es noch etwas anderes und mehr geben. Stimmt. Tiefe Leidenschaften sind ohnehin nicht im Spiel. Es geht mehr um ein buntes Feuerwerk. Bevor es ganz abgebrannt ist, zündeln Sie beide woanders.

Sie und der Krebs-Mann

Auch, wenn man es nicht gleich sieht: Dieser Mann ist empfindsam, ist verletzlich, ist schrecklich sensibel. Das stört Sie
erst nicht. Sie wollen ja nur Ihren Spaß haben! Und das
klappt anfangs auch, aber dann kommt die Schwermut. Er
möchte Sie besitzen, Sie wollen sich entziehen. Er findet Sie
zu kühl, findet Sie unbeteiligt. Er wird unsicher, kommt gar
der Impotenz nahe. Denn Sie sind auch im Bett frech, und
das kann er schlecht vertragen. Er ist leicht zu irritieren, er
braucht Zuspruch und Lob, Sie aber können so grausam
offen sein. Der Arme.

Sie und der Löwe-Mann

Sie sind eine der wenigen, die sich vom Löwe-Mann nicht
benutzt fühlen. Sie können ihn sogar beherrschen. Entwe-
der er merkt das gar nicht. Oder er läßt es sich gefallen, weil
er unter Ihren Händen zum schnurrenden Kätzchen wird.
Bei Ihnen entspannt er, lehnt sich zurück, läßt locker. Sie
haben die Ausstrahlung und die Finger, nach denen er sich
gesehnt hat. Sie wissen ihn zu streicheln und zu kraulen.
Und so läßt er sich lenken und zu allem verleiten, was Ihnen
Spaß macht. Heller als in Ihrem Bett kann das Feuer des
Löwen nicht leuchten.

Sie und der Jungfrau-Mann

Er findet Sie ein bißchen unreif. Oder kindisch. Und findet
das charmant. Denn er belehrt so gern. Und er glaubt, er
kann Ihnen was beibringen. Aber was eigentlich? Phantasie?
Naja. Leidenschaft? Auch nicht seine Stärke. Überhaupt fällt
ihm im Bett nicht viel ein. Er hängt an seinen Ansichten und
Gewohnheiten, Sie möchten gern Neues ausprobieren.
Nach ein paar lustigen Nächten fängt er an, Sie zu kritisieren. Oder er zieht sich zurück und läßt Sie vertrocknen. Nett

ist er ja. Auch fair. Und zuverlässig. Aber das reicht nicht. Sie werden ihn verlassen.

Sie und der Waage-Mann

Genau wie Sie hat er Sinn für kokette Spielereien und Theatralik. Er ist beinahe so neugierig wie Sie und hat genauso viel Spaß am Herumprobieren. Er ist ja ein bißchen bequem. Und nicht gerade ein Kraftwerk an Energie. Aber Ihr Witz, Ihre Neckereien und Ihr leichthändiges Geschick lassen ihn zu seltener Leidenschaft erglühen. Und er geht so geschmeidig auf Sie ein, daß sogar Sie selbst ungeahntes erotisches Neuland entdecken. Sie legen beide nicht Ihr tiefstes Gefühl in den Sex, so daß sich die Eifersucht in Grenzen hält. Das kann lange währen.

Sie und der Skorpion-Mann

Der hat was. Was Erotisches. Vielleicht auch was Unheimliches. Und mitunter etwas Verbissenes. So ganz werden Sie aus ihm nicht schlau. Warum stürmt er nachts so nach Alles-oder-Nichts-Manier auf Sie los? Sex ist doch ein Lustspiel! Wo bleibt der heitere Aspekt? Er wiederum findet Sie sexy, hält Sie aber bald für flatterhaft. Warum flirten Sie mit anderen, wenn er doch der Meister im Bett ist? Kurz: Für eine lange Beziehung sind die Temperamentsunterschiede der beiden zu groß, aber eine Urlaubs-Affäre kann enorm belebend, ja, unvergeßlich sein.

Sie und der Schütze-Mann

Er ist von Ihnen begeistert. Das können Sie ihm nachfühlen. Er ist ruhelos und wechselhaft. Auch das können Sie verstehen. Doch unter der Bettdecke hat er es oft viel zu eilig. Er ist Feuer und Flamme, okay, aber das lodert hoch und ist dann gleich wieder erloschen. Sagen Sie nichts, sonst endet die ganze Sache so impulsiv wie sie begann. Lenken Sie ihn lieber ein wenig, dann haben Sie lustige Nächte voller origineller Einfälle. Sie sind nicht fordernd, er nicht besitzergreifend. Das geht blendend und kann sogar immer besser werden, wenn Sie ihn gelegentlich auf den Boden der Tatsachen holen.

Sie und der Steinbock-Mann

Er ist nicht der Lockerste. Nicht der Witzigste. Es fällt ihm schwer, sich im Bett von seinen Grübeleien um Geld und Karriere zu trennen. Um beim Sex loslassen zu können, braucht er eine Frau, die ihn bis an die Grenzen seiner Fähigkeiten fordert. Das tun Sie selten. Statt dessen sind Sie manchmal so freimütig und lasziv, daß dem konservativen Bock unwohl wird. Im Alltag ist es besser: Da fühlt er sich bei Ihnen entspannt und Sie können sich in seiner Gegenwart endlich mal konzentrieren. Also, wenn Ihnen Sex nicht so wichtig ist, bitte sehr.

Sie und der Wassermann

Dieser Junge ist kreativ, aber mitunter ein bißchen abgehoben. Eine Gewißheit für die Zukunft wird es mit ihm nicht geben, dafür bietet er Abwechslung und Aufregendes. Sie sind die Frau, die noch die absonderlichsten Phantasien des Wassermanns in Bett-Artistik ummünzen kann. Sie gehen mit ihm auf körperliche Erkundungstour. Schließlich brauchen Sie keine orgiastischen Eruptionen. Das erfindungsreiche und abenteuerlustige Spiel gefällt Ihnen mehr. Und da ist er auf Ihrer Seite. Kochende Leidenschaft wird es vielleicht nie geben, dafür aber tiefe Liebe. Ist ja auch nicht ganz schlecht.

Sie und der Fische-Mann

Doch, ja, der hat was. Und Sie können sich überraschend gut mit ihm unterhalten, auch und gerade über Sex. Aber dabei sollten Sie es auch belassen. Denn mit der Durchführung sieht es weniger gut aus. So ein Mann mit Fische-Energie sucht nämlich insgeheim ein Überweib. Eines, dem er sich bis zur Hörigkeit unterwerfen kann. Genau das sind Sie? Nein, sind Sie nicht. Und noch was: Dieser Mann leidet gern. Erstens im Alltag. Zweitens beim Sex. Wie finden Sie das? Ziemlich überflüssig? Eben, eben. Passen Sie also auf, daß er das erotische Geplänkel nicht mit quälerischem Tiefsinn auflädt.

  *Sie sind eine Frau.*
Sie haben Krebs-Energie.

Was Ihnen angeboren ist, und was Sie lernen müssen
Im Bett haben Sie sich schon als junges Mädchen am wohlsten gefühlt. Und das bleibt auch so. Nicht, weil Sie immer an Sex denken. Sondern weil Sie von allen Tierchen das größte Schlafbedürfnis haben. Daß Sie im Bett zu Hause sind, kommt auch Ihren Liebhabern zugute. Zumal Sie – aber das bleibt unter uns – in früher Jugend bei Ihrem Mittagsschlaf die Wonnen der Selbstbefriedigung erlernt haben. So bewegen Sie sich zwischen den Kissen gelenkiger und geschmeidiger als die meisten anderen Frauen und erregen Ihre Partner mit einer ungewöhnlichen erotischen Intuition. Ihre Empfindlichkeit indes läßt ein geregeltes Love Life kaum zu. Ihre Störanfälligkeit, die Ihre Orgasmusfähigkeit einschränkt, können Sie nur überwinden, wenn Sie ein stabiles Grundvertrauen bekommen. Mit den Jahren werden Sie immer besser.

Wie Sie verführen, und wie Sie verführt werden wollen
Weil Sie schüchtern sind und fürchten, sich lächerlich zu machen, wagen Sie äußerst selten den ersten Schritt. Und wenn, dann machen Sie bei der geringsten Entmutigung einen Rückzieher. Lieber verführen Sie, indem Sie einem Mann Gelegenheit geben, Sie zu verführen. Meist ist das einer, den Sie schon etwas länger kennen. Er muß galant sein, zuhören können, sich für Ihre Tätigkeit interessieren, seine Kinderliebe betonen. Und er sollte Ihnen mindestens ein Glas Champagner einflößen. Das brauchen Sie, um Hemmschwellen zu überwinden. Bevor Sie sich hingeben,

müssen Sie sich wohl und sicher fühlen. Sie müssen mit seiner Wohnung bereits vertraut sein. So mal eben im Fahrstuhl, im Auto, hinterm Baum oder sonst für den kleinen Hunger zwischendurch, das ist nichts für Sie. Sie sind der flüchtigen Abenteuer schnell überdrüssig und suchen im Liebhaber nach dem Vater Ihrer Kinder.

Ihre Wünsche im Bett, Ihre Abneigungen

Sexuelle Kraftakte, Potenzprotzereien, rauhe Gesellenstücke sind Ihnen zuwider. Süße Worte und Zärtlichkeit zählen für Sie, Sie stellen die Liebe über den Sex. Weil Sie dergleichen bei Männern gelegentlich vermissen, verspüren Sie zuweilen lesbische Neigungen oder schwärmen für zarte Jünglinge. Ihre launische Art, Ihre hysterische Reizbarkeit können im Bett sehr aufregend sein; dann werden Sie laut und ekstatisch. Sie täuschen nichts vor, Sie schauspielern nicht. Es ist Ihnen eher peinlich, beim Orgasmus beobachtet zu werden. Deshalb wollen Sie im Dunkeln geliebt werden und gern von hinten. Da Sie mit Vergnügen schlemmen, nehmen Sie Schampus mit ins Bett oder gar Honig und machen erregenden Unsinn damit. Doch Sie sind extrem stimmungsabhängig, brechen zuweilen mittendrin ab oder fordern längere Enthaltsamkeit.

Ihre sensiblen Zonen

Sie lieben tiefe Küsse mit Zunge und Zähnen, Sie können sogar zum Orgasmus geküßt werden. Doch der empfindlichste Bereich Ihres Körpers sind Ihre Brüste. Es genügt, wenn deren Unterseiten leicht gestreichelt werden, wenn die Brustwarzen schön sanft zwischen den Fingern gedreht werden, und Sie erreichen schwindelnde Höhen der Erregung.

Ihre verborgenen Phantasien

Beeinflußt vom ewig wechselnden Mond, lieben Sie die Hingabe. Sie möchten zerschmelzen. Am Strand in den sanften Wellen des Meeres geliebt zu werden, gehört zu Ihren beglückendsten Träumen. Sie gefallen sich in der Rolle von Dornröschen oder Schneewittchen und von allen leidenschaftlichen Frauen, die hingegossen in männlichen Armen liegen. Sie schwärmen für Kino-Helden und Roman-Figuren, und es fällt Ihnen nicht schwer, deren Bild zur Steigerung der Erotik herbeizuzaubern. Oft ahnt Ihr Liebhaber nicht, nach wem Sie in Wirklichkeit seufzen. Wie keine andere leben Sie in der Vergangenheit, und am häufigsten wandert Ihre sexuelle Phantasie zu einem entschwundenen früheren Liebhaber, der endlich zurückkehren und Sie von aller Last erlösen soll.

Sie und Ihre Männer

Sie und der Widder-Mann

Die erotische Anziehung ist anfangs groß. Sie träumen von einem leidenschaftlichen Liebhaber, und der Widder-Mann macht ganz den Eindruck, als ob er es sei. Ist er ja auch. Aber ganz so rauh haben Sie sich die Wirklichkeit nicht vorgestellt. Sie sind feinfühlig. Er spielt allenfalls zur Einführung mal kurz den Romantiker vor, dann aber geht er wie ein Krieger zur Sache. Ob er es nun so meint oder nicht: Er wird grob, aggressiv und verletzend. Bald verdächtigen Sie ihn mangelnder Sensibilität. Er poltert zurück. Dann wendet er sich leichteren Raubzügen zu. Er fand Sie ohnehin ein bißchen klammerig.

Sie und der Stier-Mann

Alle Ihre Zartgefühle und Empfindlichkeiten im Bett zu verstehen, ist dem Stier-Mann unmöglich. Aber er meint es gut und achtet auf Sie. Und bald versteht er, daß er Ihre Seele berührt, sobald er Ihren Körper anfaßt. Wenn er sich also nicht mit schnaubenden Nüstern auf Sie stürzt, wenn er Ihre gelegentlichen Rückzüge respektiert, kann es herrlich werden, auch auf lange Sicht. Sie beide sind bereit für sinnliche Genüsse. Und bei Ihnen beiden wächst die Genußfähigkeit mit den Jahren. Er muß allerdings ein gereifter Stier sein, der die dumpfe Dreistigkeit der frühen Jahre abgelegt hat.

Sie und der Zwillinge-Mann

Der Zwillinge-Mann interessiert sich für Sie, weil Sie so weiblich wechselhaft und doch beharrlich sind. Und Sie mögen es, daß er heiter, offen und neugierig auf Sie ist. Im Bett geht es zunächst turbulent und lustig zu. Aber schon Ihre erste Schmollphase läßt ihn zurückschrecken. Wieso, grübelt er, kann die Frau nicht immer so locker sein wie letzte Nacht? Das kapiert er nicht, wie er überhaupt die geheimnisvollen Tiefen Ihrer Seele für überflüssig hält. Bald finden Sie ihn rücksichtslos und oberflächlich. Und nicht viel später haben Sie Anlaß zur Eifersucht.

Sie und der Krebs-Mann

Sie beide verstehen sich körperlich gut. Sie gehen empfindsam und vorsichtig miteinander um, lassen sich Zeit für Zärtlichkeiten und genießen die Wonnen der Langsamkeit. Am Anfang jedenfalls. Dann wird Ihr Krebs-Mann etwas schneller. Und egoistischer. Er will jederzeit bestimmen, wann was im Bett gemacht wird. Genau wie Sie. Das Zeichen Krebs ist der seelische Herrscher des Tierkreises. Und zwei Herrscher geraten leicht in einen Machtkampf. Dann führen nächtliche Streitereien zu langen Dürre-Perioden. Nur bei großer Kompromißbereitschaft wird daraus mehr als eine Affäre.

Sie und der Löwe-Mann

Wenn er zu den Löwen mit Krebs-Energie gehört, kann er ein wundervoller Liebhaber sein. Dann ist er der wärmende Stabilisator für Ihre Schwankungen. Zwar müssen Sie für die feineren Zärtlichkeiten selbst sorgen. Und Sie müssen ihn – was gelegentlich schwerfällt – im Bett dominieren lassen. Aber wenn Sie ihn dann noch bewundern, vor allem seine Potenz und jenen Körperteil, den er für überdimensional groß hält – dann wird er Sie auf einfache Art unermüdlich lieben. Dann kann dieser leidenschaftliche Sommerflirt auch etliche Herbste überdauern.

Sie und der Jungfrau-Mann

Er ist äußerlich manchmal frech, im innersten aber mindestens so schüchtern wie Sie. Und er neigt zum Rückzug bei Hindernissen. Das führt nachts nicht zu Feuerwerken. Ihre Sinnlichkeit ist dem Jungfrau-Mann eher fremd, Sie vermissen anfangs die Herzenswärme. Doch mit der Zeit läßt er die heraus. Er drängelt nicht im Bett, sondern bemüht sich, Ihnen alles recht zu machen. Die große Leidenschaft erleben Sie dabei nicht. Doch Sie können die Führung übernehmen und selbst dafür sorgen, daß Sie bekommen, was Ihnen zusteht. Und das ist, wie der arme Kerl feststellen muß, eine Menge.

Sie und der Waage-Mann

Er hat Charme. Er ist galant. Das lassen Sie sich gefallen. Er verführt Sie mit Champagner. Das hilft Ihnen, die Schüchternheit zu überwinden. Im Bett ist er feinsinnig. Sie dürfen sich zurücklegen und genießen. Na, also! Sex plus Bequemlichkeit – das haben Sie gern! Doch zuweilen ziehen wolkige Stimmungen über Ihre Seele, die ein Mann mit Waage-Energie nicht versteht. Dann wollen Sie reden; er aber möchte Auseinandersetzungen vermeiden. Sie sind beleidigt und wenden sich im Bett ab. War ja schön die Affäre, aber kurz.

Sie und der Skorpion-Mann

Sie sind viel sanfter als er. Sie mögen zarte Berührungen. Oft reicht Ihnen ein leichtes Streicheln, dann möchten Sie sich zusammenrollen und unter seinen warmen Händen einschlafen. Doch das funktioniert nicht. Nicht bei dem Mann mit Skorpion-Energie. Der ist fordernd. Der liebt triebhaft und wild und mag keine Rücksicht nehmen. Empfindsamkeit also müssen Sie ihm erst beibringen. Das geht auch. So verbohrt der Kerl auch am Anfang scheint. Je länger diese Beziehung dauert, desto besser wird sie. Sie werden Bett- und Seelenfreunde.

Sie und der Schütze-Mann

Auch wenn er es nicht zugeben mag: Er fühlt sich von Ihnen eingeengt. Warum? Weil er im Bett spürt, daß Sex für Sie viel mehr bedeutet als für ihn. Weil Sie ein Gefühl der Wärme und Sicherheit erwarten, das er Ihnen nicht bieten kann. Ruhe und Behaglichkeit sind ihm so fremd wie tiefgefühlte Leidenschaft. Sex, findet er, ist doch nur eine lustige Sportart, die man gern mit vielen verschiedenen ausübt! Sie dagegen möchten das Verschmelzen der Seelen erleben. Er ist hastig, Sie jedoch wollen langsam erhitzt werden. Nur daß er gut massieren kann, erfreut Sie. Aber das reicht nicht lange.

Sie und der Steinbock-Mann

Er findet Sie ziemlich sexy, Sie ihn meist auch. Im Schlafzimmer geht erst mal alles gut. Er hat Ausdauer und eine tiefe Leidenschaft, die langsam – manchmal sehr langsam – nach oben kocht. Er tut viel, um Sie zu befriedigen. Er will Ihnen gefallen. Mit der Zeit allerdings stört ihn, daß Sie so viel Zuwendung brauchen. Er hat auch noch anderes vor. Arbeit zum Beispiel. Fernsehen. Sie rügen seine mangelnde Hingabefähigkeit; die Energie muß doch fließen! Doch er ist nüchtern und pragmatisch. Sie vermissen seine Intuition, seinen Einsatz für die Beziehung. Keine vielversprechende Kombination.

Sie und der Wassermann

Der hat was, finden Sie. Erotische Ausstrahlung oder sowas. Da flirrt etwas in seinen Augen. Und er sieht Sie gern an. Er findet Sie lustig, lebhaft, auch mütterlich. Letzteres stört ihn nicht am Tag, aber zuweilen im Bett. Neugierig erkundet er Ihren Körper, er interessiert sich für Ihre Reaktionen. Allerdings nicht aus leidenschaftlicher Zuwendung, sondern mehr aus technischem Interesse. Das verletzt Sie. Sie wollen mehr Zärtlichkeit. Er hält das für sentimental und fühlt sich belästigt. Ist er denn dazu da, Ihren unendlichen Liebeshunger zu stillen? Nein. Sie weinen, er packt seine räudige Zahnbürste ein.

Sie und der Fische-Mann

Ach, umarmen, verzärteln, zerfließen. Endlich! Hier werden die Kissen genäßt. Auf beiden Seiten ist viel Gefühl dabei. Wenngleich er leider viel davon verdrängt. Deshalb wohl hat er so sonderbare Phantasien. Bißchen sado. Oder maso. Im Bett hat er es jedenfalls gerne exzentrisch, während Sie mit einfacher Hingabe schon überaus glücklich werden können.

Also müssen Sie wohl die Führung übernehmen; das tun Sie nicht ungern, und er läßt es geschehen. So kommen Sie beide zur Ekstase, zumindest bei Nacht. Im Alltag will er sich entziehen, das gibt Probleme.

 *Sie sind eine Frau.*
Sie haben Löwe-Energie.

Was Ihnen angeboren ist, und was Sie lernen müssen

Sie strahlen etwas aus. Deshalb haben Sie Verehrer gehabt, soweit Sie zurückdenken können, aber auch Neider unter Ihren Freundinnen. Sie gefallen sich darin, von einem Hofstaat von Männern bewundert zu werden. Doch nur wenige lassen Sie an sich heran, denn Sie haben Angst, Schwäche zu zeigen. Oft nehmen Sie deshalb als Liebhaber sehr viel jüngere Männer, die das Anbeten noch nicht verlernt haben. Das Bedürfnis zu repräsentieren bestimmt auch Ihren erotischen Lifestyle. Sie stellen sich aus. Für Männer, die gerne nur hinsehen, ist das herrlich, für andere manchmal zuwenig. Weil Sie auf Bewunderung aus sind, fällt es Ihnen schwer, sich natürlich zu geben und sich fallen zu lassen. Sie setzen sich in Szene, leicht bleibt die Spontaneität auf der Strecke. Wenn Sie einmal darauf verzichten, sich selbst zu beobachten, werden Sie unerahnt Neues erleben.

Wie Sie verführen, und wie Sie verführt werden wollen

Sie flirten gern und mit modischem Aufwand. Männer sollen Sie beachten, allerdings auch respektieren. Wer Ihnen plump kommt, hat keine Chancen; Sie sind wählerisch und schnell pikiert. Wer sich entzieht, sobald Sie Interesse zeigen, hat bessere Karten. Immerhin sind Sie eine Wildkatze auf der Suche nach Beute. Wer Beute wird – das bestimmen Sie. Sie erwarten von einem Mann, daß er sich Ihnen nach kurzem Kampf ergibt. Widerstand reizt Sie eine Zeit lang. Verklemmtheit nie. Sex ist ein vitales Spiel. Sie sind sich Ihrer Erotik so sicher, daß auch Ihr Partner zu großer Form aufläuft. Impotenz kommt in Ihrer Anwesenheit nicht vor. Sie haben wenig Verständnis für Männer, die sich geheimnisvoll geben und aus der Erotik etwas Mystisches machen. So etwas halten Sie für durchschaubar und überflüssig, solange es einen direkten Weg gibt.

Ihre Wünsche im Bett, Ihre Abneigungen

Scheinwerfer an, es gibt nichts zu verstecken. Sie zeigen sich gern, man soll Ihren Körper bewundern. Weil das am besten geht, wenn der Mann unten liegt, schwingen Sie sich auf ihn. Dann kann er Sie auch nach Katzenart lecken, am besten beinaufwärts zu den Schenkeln, und er kann Ihre Brustspitzen abwechselnd zwischen die Lippen nehmen. Leidenschaftlich soll er sein, aber würdig. Sie sind keine Freundin abwegiger Stellungen oder vulgärer Verirrungen. Sie lieben die animalische Intensität Ihrer Lust und möchten sich in einem feurigen Spiel ausleben. Sie necken, zeigen Ihre Krallen, lassen ihn kommen, entziehen sich, geben sich scheinbar hin – ungefähr wie eine Katze, die mit einer Maus spielt, bevor sie sie frißt. Wenn Sie gewonnen haben, ist das Spiel nicht mehr interessant. Sie halten nach Neuem Ausschau. Zu einem Ex-Lover gibt es keine Rückkehr.

Ihre sensiblen Zonen

Sie möchten am Rücken gekrault werden, am liebsten schon in der Badewanne mit Schwamm oder Frotteetuch. Im Bett lieben Sie es, wenn der Mann sachte mit den Fingernägeln von Ihren Schultern abwärts zur Taille fährt. Er darf auch einen Schal zu Hilfe nehmen oder eine sanfte Bürste. Eine Rückenmassage soll er Ihnen bescheren, mit sanften und kraftvollen Händen darf er sich dann ganz langsam zu den ganz heißen Zonen vorarbeiten.

Ihre verborgenen Phantasien

Im Bett stellen Sie sich keinen anderen vor. Wenn Sie mit einem Mann schlafen, sind Sie konzentriert bei der Sache. Gleich danach jedoch schweifen Sie bereits ab und sind in Gedanken beim nächsten. Es gibt ja so viele Männer, die es wert sind, von Ihnen erjagt zu werden. In Ihren Tagträumen steht Ihnen ein Harem zur Verfügung. Männer Ihrer Wahl tragen Sie in einer Sänfte, baden Sie, salben Sie, massieren Sie. Sie lassen sich auf einem Thron lieben oder in einer reich verzierten Kutsche bei offenen Vorhängen oder in einem Salon unter dem Applaus von Bewunderern. Alle Ihre Lakaien lechzen danach, einmal dieses unvergleichliche Spiel genießen zu dürfen. Nach Herrscherart haben Sie einen Huldigungsbalkon: Unten vor dem Schloß stehen die Massen und jubeln Ihnen zu, während Ihnen, der Königin, ein Mann nach dem anderen zum wollüstigen Fraß vorgelegt wird.

Sie und Ihre Männer

Sie und der Widder-Mann

Sie beide brauchen nicht lange, bis Sie im Bett sind. Und da geht es atemlos und hitzig zu. Der Widder-Mann kocht und dampft und kämpft und will möglichst schnell ans Ziel kommen. Doch Sie spielen mit ihm. Sie wissen mit Feuer umzugehen. Sie lassen ihn heran, drängen ihn wieder weg, kratzen ihn, streicheln ihn, locken ihn, necken ihn bis zur Schmerzgrenze, und wenn er nahezu außer sich geraten ist, wenn er schreit, wenn er so aufgestachelt ist, daß seine Augen Blitze ausschießen, dann unterwerfen Sie ihn und vernaschen ihn nach Wildkatzen-Art. Hot, hot, hot!

Sie und der Stier-Mann

Er findet Sie faszinierend. Er sieht Ihnen nach. Er würde gern. Aber wie? Sie sind so stolz! Er kommt sich dumpf vor in Ihrer Gegenwart, unbeweglich, tolpatschig, grob. Verführen kann er Sie nicht. Wenn, dann verführen Sie ihn, denn Sie spüren seine Glut. Und die erste Nacht wird auch heiß. Er drängt immer wilder und hat das Gefühl, er kann sich nicht austoben. Stimmt auch. Schließlich sind Sie die Herrscherin. Sie entscheiden, wann er was darf. Das steigert zunächst seine Leidenschaft, auf die Dauer raubt es ihm den Nerv. Er will dominieren und kann es nicht. Nur eine Affäre. Schade eigentlich.

Sie und der Zwillinge-Mann

Er flirtet gern, Sie flirten gern. Er spielt etwas cooler, Sie etwas hitziger, aber das macht nichts. Daß er sich partout nicht zu Ihrem Untertan macht, fordert Sie heraus. Im Bett versuchen Sie, ihn zu besiegen. Er wehrt sich zum Schein, bis Sie hitzig nach Luft schnappen. Sie bäumen sich zu wilder Leidenschaft auf, er nimmt es locker. Sie steuern die Glut, den Elan, den Steppenbrand bei, er die Vielfalt erotischer Variationen. Langweilig wird es nie. Es ist nur albern, wie er jede Frau anmacht!

Sie und der Krebs-Mann

Den verführen Sie. Den bringen Sie auf Touren. Und ja, er dreht hoch, er fühlt sich groß, fühlt sich gigantisch in Ihrem Bett und hat gar nichts dagegen, daß er unten liegt. Sie geben ihm Zuversicht, und auf magische Weise steigert sich bei Ihnen seine Potenz. Allerdings nur für begrenzte Zeit. Okay, er möchte Ihren Schwung und Ihre Impulsivität gern immer genießen. Aber Sie nicht seine Stimmungsschwankungen. Und daß er Sie beschützen will, geht Ihnen nach kurzem

Zweifel doch sehr auf die Nerven. Dieser Mann ist einengend. Er will entschieden mehr von Ihnen als Sie von ihm. Auf Wiedersehen.

Sie und der Löwe-Mann

Zwei preisgekrönte Egozentriker unter einer Decke. Jeder für sich ist großzügig, aber keiner will sich unterwerfen. Beide reizt der Widerstand des anderen, und so wird leidenschaftlich gerungen. Sie lecken sich und necken sich, fauchen angriffslüstern, steigern sich zu animalischer Intensität und holen schließlich gemeinsam das olympische Feuer. Unter uns: Er ist nicht so treu, nicht so loyal wie Sie. Aber falls er sich genügend im Tierkreis umgesehen hat, müßte er Ihnen ohne Zögern die Krone aufsetzen. Und die hält dann.

Sie und der Jungfrau-Mann

Er ist ja nett, kein Zweifel. Und nimmt im Alltag auch mal den Mülleimer mit runter. Gut. Aber Sie sind viel sinnlicher, viel leichter erregbar als er. Und das führt zu Differenzen. Sie würden gern öfter im Bett rangeln, auch ausgiebiger, lauter, fröhlicher. Sie möchten verschwenderisch umgehen mit Ihrer sexuellen Energie. Er aber fürchtet, er hat nicht genug. Er kommt Ihnen sparsam und prüde vor, knickerig sogar. Dominiert werden will er auch nicht. Also was will er denn eigentlich? Daß alles so geht, wie er mag: geregelt, konventionell und ungefähr dreimal im Monat. Sorry, eine erotische Mesalliance.

Sie und der Waage-Mann

Sie kommen ins Schlafzimmer, unwiderstehlich in Ihrem Duft, in Ihren Dessous. Aber er schläft schon. Sein sexueller Appetit ist nicht groß. Aber wenn Sie ihn wecken können, dann besitzt er die Qualitäten eines Feinschmeckers.

Dann läßt er sich Zeit, liebt behutsam und zärtlich, mit Zunge, Lippen, Federn, Fingerspitzen. Sie brauchen sich nur zurückzulegen und durch Ihr Schnurren anzuzeigen, wo es langgehen soll. Manchmal vermissen Sie die Kraft bei all der Feinsinnigkeit. Dann bestimmen Sie eben Tempo und Rhythmus, und er macht mit.

Sie und der Skorpion-Mann

Eine heftige Begegnung, doch nichts für die Dauer. Er ist zwar so leidenschaftlich wie Sie, ja, er hat Feuer wie Sie, auch wahr. Und Ihre heitere, spielerische Seite zieht ihn an. Sie wiederum verlieben sich in die geheimnisvolle Glut, die aus seinen Tiefen kommt. Bald aber findet er Sie leichtfertig, auch im Bett, als würden Sie die Liebe nicht so ganz ernst nehmen. Sie dagegen haben den Eindruck, er hat etwas Fanatisches, was den Sex betrifft. Und nicht nur dort. Sie sollen ihm ganz gehören und dürfen gar nicht mehr Sie selbst sein. Ach, nein, danke.

Sie und der Schütze-Mann

Zwischen Ihnen beiden gibt es Liebe auf den ersten Blick. Oder wenigstens Sexappeal auf den ersten Blick. Der erotische Funke springt über, es knistert in Ihren Kleidern, in Ihrer Unterwäsche, schon sind Sie im Bett. Falls Sie überhaupt soweit kommen. Der Schütze-Mann hat es nämlich noch eiliger als Sie. Er ist überhaupt etwas hastig, und Ihre ruhige Leidenschaft tut ihm wohl. Bei Ihnen hält er entschieden länger durch als bei anderen Frauen. Er mag es französisch, spanisch, russisch, was es so gibt, er kostet, probiert, macht es mal anders, aber immer lustvoll. Und Ihnen macht er Spaß.

Sie und der Steinbock-Mann

Auch wenn gut geheizt ist, kommt es Ihnen bei diesem Mann immer ein bißchen kalt vor. Als wenn ein Schatten von ihm ausgeht. Und auch wenn im Schlafzimmer Kerzen und Lichter funkeln, haben Sie den Eindruck, die Beleuchtung sei trübe. Im Bett schließlich können Sie nur einen Bruchteil Ihrer Energie mobilisieren. Das tut Ihnen leid, denn er ist fordernd. Er will ja Sex. Er hat auch was zu bieten. Doch zugleich hemmt er Sie. Vielleicht kann er ja eine andere glücklich machen!

Sie und der Wassermann

Sie bestaunen seine eigenartigen Ideen. Er will der Reihe nach die Stellungen des Kamasutra durchprobieren, aus reinem Forschungsinteresse. Oder er möchte es zu dritt. Fände er originell. Oder er will neue Tantra-Techniken mit Ihnen studieren. Und Cybersex findet er ja nun das Größte. In einem verkabelten Anzug mit Penisfutteral! Unter uns: Seine intellektuelle Neugier ist größer als seine Lust. Erotischen Urstoff wie Sie kennt er nicht. Sie müssen ihn packen und führen, wenn Sie etwas von ihm haben wollen. Da er sich nicht unterordnet, wird das schwierig. Prognose: Keiner kommt auf seine Kosten.

Sie und der Fische-Mann

Sie möchten offen, freimütig, großzügig lieben. Der Fische-Mann ist ganz anders, mondsüchtig, schattenhaft, geheimnisvoll, und deshalb verführen Sie ihn. Doch im Bett scheint er merkwürdigen Phantasien nachzuhängen. Er will nicht einfach mit Ihnen schlafen, höchstens in der ersten Nacht. Aber dann sollen Sie eine andere sein, am liebsten eine Domina oder aber eine Sklavin. Ganz normal geht es nicht. Und das verletzt Ihren Stolz. Zurück ins Meer mit ihm!

Sie sind eine Frau.
Sie haben Jungfrau-Energie.

Was Ihnen angeboren ist, und was Sie lernen müssen

So gut wie keine andere können Sie die Männer warten lassen. Bereits in der Schule, wo Sie einen frechen Schnabel hatten, ließen Sie die Jungs schmoren. Ladykiller haben Sie mit unvergleichlicher Ironie ins Leere laufen lassen. Sie können necken und dabei doch verhalten bleiben, reizen und gleich wieder in Deckung gehen, viel zeigen, um es gleichwohl zurückzuhalten. Kurz: Sie können Männer zur Verzweiflung treiben. Sogar ganz unabsichtlich. Sie halten Sex für etwas Natürliches und verstehen gar nicht, warum manche Leute so viel Aufhebens davon machen. Sie selbst können ganz gut ohne auskommen. Zumal Sie ein bißchen Angst davor haben. Denn eines ist Ihnen nicht in die Wiege gelegt worden: sich hinzugeben. Da haben Sie Schwierigkeiten. Da kommt Ihnen Ihr Verstand immer wieder kontrollierend in die Quere. Wie Sie das Problem loswerden? Mit der Zeit von ganz allein.

Wie Sie verführen, und wie Sie verführt werden wollen

Sie möchten, daß ein Mann ehrlich und anständig ist? Na, gut. Aber das macht es schwierig, Sie zu verführen. Sie möchten, daß Ihnen Zeit gelassen wird? Na, schön. Aber Sie erwägen ewig, ob der werbende Mann Ihre Hingabe verdient hat. Und dann ist das meistens noch nicht mal der Fall. Wenn Sie sich überrumpeln lassen, dann von phantasievollen Männern. Die machen Ihnen Eindruck, denn Sie selbst haben nicht übertrieben viel Phantasie, jedoch ein zartes Faible für Romantik. Champagner sollte also dabei sein, damit

Ihr Verstand sich zur Ruhe legt. Wenn Sie selbst die Verführerin sind, merkt der Mann es bisweilen nicht. So cool bleiben Sie, während es innen lodert und brennt. Klar und reinlich soll es zugehen, was nicht unbedingt der Spontaneität zugute kommt. Bevor es zur Sache geht, duschen Sie gern und erwarten das auch vom Partner. Ein letzter Blick aufs Bett: Es ist frisch bezogen. Dann löschen Sie das Licht.

Ihre Wünsche im Bett, Ihre Abneigungen

Sie lehnen – zunächst – alles ab, was Ihnen anormal, pervers oder animalisch vorkommt. Und es gibt wenig, was Ihnen nicht so vorkommt. Dafür mögen Sie geflüsterte Koseworte, zärtliche Streicheleien, ein raffiniertes Vorspiel. Und Sie selbst sind gut darin. Beim Küssen bringen Sie es zur Meisterschaft. Aufgeregte Männer kommen bereits bei Ihrem Kuß zum Orgasmus. Sie können aufreizend knabbern, saugen, lecken. Und wenn Sie mit Ihrem Liebhaber erst vertraut sind, machen Sie immer mehr mit; er muß Sie nur darum bitten. Sie sind sehr lernfähig und bringen es zu erstaunlichen Fertigkeiten. Doch Sie haben die Moral im Hinterkopf. Und wenn Sie das Gefühl haben, Unanständiges zu genießen, möchten Sie dafür bestraft werden. Dann begeben Sie sich mit schaudernder Lust in die Rolle der Sklavin. Unanständig sein und die Strafe dafür empfangen: Das bringt Sie zur Ekstase.

Ihre sensiblen Zonen

Sie duschen gern mit Ihrem Liebhaber. Und es gefällt Ihnen, wenn er dann den sanften Strahl der Dusche auf Ihren flachen Bauch richtet. Da sind Sie empfindlich und erregbar. Wenn er Sie in der Badewanne zwischen Brüsten und Schenkeln mit einem Schwamm streichelt, schließen Sie genüßlich die Augen. Und im Bett darf er Champagner über Ihren Nabel gießen. Sofern es sein Bett ist und er anschließend die Reinigung der Bettwäsche übernimmt.

Ihre verborgenen Phantasien
Sich ganz und gar hingeben zu können, in Lust zu zerfließen, zu vergehen im erotischen Strom – das ist Ihr vager Traum. Sie werden warten müssen, bis er sich erfüllt. Bis dahin entzündet sich Ihre Phantasie an konkreten Personen. Männer aus dem Bekanntenkreis, Kommilitonen, Kollegen spuken durch Ihre Träume und betätigen sich so unanständig, daß Sie ihnen beim nächsten Treffen befangen gegenübertreten. Reden werden Sie darüber nie. Wenn Sie frühreif waren, erschauerten Sie schon in der Schule wonnevoll beim Gedanken an die strafende Hand gewisser Lehrer. Masochistische Phantasien beschäftigen Sie auch später. Doch Sie geben ihnen selten nach. Sie fürchten, sich zu beflecken. Und Sie wünschen sich die Heilquelle, in die Sie nach jedem Liebesakt steigen können, um gereinigt und jungfräulich wieder herauszukommen.

Sie und Ihre Männer

Sie und der Widder-Mann
Seine Frechheit empört und bezaubert Sie. Er wiederum mag Ihren ironischen Charme. Ihre Widerspenstigkeit reizt ihn. Wenn er die Geduld nicht verliert und Sie ihn endlich ranlassen, erfahren Sie an Leib und Seele, was erotisches Feuer ist. Fragt sich natürlich, ob das sein muß. Feuer. Ist ja irgendwie übertrieben. Und eigentlich zum Genießen nicht nötig. Es gibt schließlich wunderbare ruhige Ekstasen. Man muß doch nicht den Vulkan mimen. Tut er aber. Und wundert sich dann, warum Sie dabei so ruhig bleiben können.

Er hat das Gefühl, etwas falsch zu machen bei Ihnen. Und das verträgt er nicht.

Sie und der Stier-Mann

Wir sagen es niemandem weiter: in Ihnen toben leidenschaftliche Phantasien. Eingestehen und ausleben können Sie die nur, wenn Sie mit einem Partner sexuell sehr vertraut wird. Und der liebe Stier-Mann, der ist da gern behilflich. Der liebt den Sex geradlinig, unkompliziert und regelmäßig. Und dank seiner Beharrlichkeit spüren Sie nach einer empfindlichen Anfangsphase, wie in Ihnen das Tor zur Leidenschaft aufgeht. Erst nur einen Spalt breit. Aber schon wird es heiß, und Sie werden wild und vielleicht sogar für lange Zeit.

Sie und der Zwillinge-Mann

Er fordert nicht allzuviel von Ihnen im Bett. Das ist Ihnen ganz recht. Er spielt ein bißchen herum, und Sie haben auch Ihre sportliche Ader, das reicht für lustige und bisweilen alberne Nächte. Manchmal will er allerdings auch tagsüber und an so komischen Orten. Das behagt Ihnen weniger. Und daß Sie das auch sagen, das gefällt wiederum ihm nicht. Er findet es witzig im Fahrstuhl. Daran merken Sie, daß es ihm keineswegs um Sie geht beim Sex, sondern um seine Neugier. Und die bezieht sich auch auf andere Frauen. Na, da machen Sie Schluß.

Sie und der Krebs-Mann

Er kann es. Von allen öffnet er am sanftesten die Türe zu Ihren Gefühlen. Er hat ein Gespür für Ihre innere Zartheit. Sie müssen ihm gar nichts erklären. Und deshalb wird es richtig warm zwischen Ihnen. Die Nächte beginnen ruhig und behutsam, dann steigert sich die Intensität unwiderstehlich. Am Ende wird der Krebs-Mann so heftig, daß Sie ein wenig Mühe haben, ihm zu folgen. Er ist phantasievoll, was Sie eigentlich bewundern, aber er kann ganz schön unanständig sein. Mit der Zeit finden Sie Gefallen daran. Er dominiert bei Nacht, Sie bei Tag. Das hält.

Sie und der Löwe-Mann

Schon daß Sie gern im Dunkeln lieben und dann auch noch die Augen zumachen, das erstaunt den Löwe-Mann. Er nähert sich einer Frau am liebsten erhobenen Stolzes im Scheinwerferlicht. Noch schlimmer: Er springt auf Sie los. Mit Gebrüll. Und mit dem dringenden Wunsch, es auf der Stelle und richtig deftig zu machen. Kurz, er läßt auf ganzer Linie die Empfindsamkeit vermissen, die Sie zum Glück und zum Orgasmus brauchen. Er stürmt über Sie hinweg und verlangt anschließend noch Beifall dafür. Den genehmigen Sie ihm allenfalls aus Höflichkeit. Um sich alsbald eiskalt zu zeigen.

Sie und der Jungfrau-Mann

Er kritisiert Sie im Bett und will Sie belehren. Sie kritisieren zurück und belehren ihn eines besseren. Das ergibt natürlich scharfe Nächte, nur nicht in erotischer Hinsicht. Bei Ihnen beiden sind die sexuellen Energien blockiert. Nur jemand, bei dem die Energie frei fließt, kann solche Blockaden lockern. Also kein Jungfrau-Geborener. Sie beide verstehen sich geistig. Aber im Bett kann nur etwas laufen, wenn Sie beide die Venus im Löwen haben. Sonst bleibt es klösterlich. Schließlich ist das Bett ja auch zum Schlafen da. Und das können Sie beide ganz wunderbar, nicht zusammen, aber nebeneinander.

Sie und der Waage-Mann

Daß er ein bißchen verwahrlost lebt, freut Sie. Da können Sie etwas Ordnung in sein Dasein bringen. Und im Bett ist er leichthändig und genußfreudig, das lassen Sie sich lächelnd gefallen. Mit der Zeit freilich fallen ihnen überflüssige Seiten an ihm auf. Er ist nämlich etwas frivol, und das können Sie nicht leiden. Er hält es für raffiniert, wenn er beim sogenannten Liebesspiel, gelinde gesagt, ungewöhnliche Zonen aufsucht. Nicht daß er pervers ist. Nur ein bißchen seltsam manchmal. Wollen Sie das mitmachen? Wenn nicht, wird er untreu.

Sie und der Skorpion-Mann

Er kann sich gut mit Ihnen unterhalten. Aber daß Sie auch noch im Bett weiterreden wollen, behagt ihm weniger. Er versucht eifrig, Sie zu mehr Sinnlichkeit anzustacheln. Sie machen auch mit, aber eher widerstrebend. Na, das fordert seinen Ehrgeiz heraus! Er bemüht sich, er bremst seine Wildheit, er geht auf Sie ein. Und tatsächlich profitieren Sie davon. Zwar kann er sich nie ganz austoben, aber er muß es auch nicht mehr. Sie lindern seine Ängste, geben ihm Sicherheit. Auch im Bett. Und je länger die Beziehung währt, desto erfüllender wird Ihre Erotik.

Sie und der Schütze-Mann

Daß er so unruhig und ablenkbar ist, finden Sie interessant. Er hat einen schweifenden Geist und, wie Sie bemerken, einen schweifenden Körper: Er ist mit vielen ins Bett gegangen. Ist er also besonders kunstvoll? Kann er Ihre Hemmungen lösen? Ihre Träume erfüllen? Sie probieren es aus. Nein, kann er nicht. Er ist witzig, ja, einfallsreich, okay, aber auch nervös und flatterig. Er nimmt wenig Rücksicht auf Sie, und daß er Sie rumkriegen konnte, scheint ihm schon als Bestätigung zu reichen. Ein lustiges Wochenende ist drin, mehr nicht.

Sie und der Steinbock-Mann

Seine Ernsthaftigkeit zieht Sie an; auch spüren Sie seine innere Glut. Ihn wiederum fasziniert, daß Sie leichter leben als er, nicht aber leichtfertig. Er verspricht sich zwitschernd frohen Sex, vor allem aber eine gute Partnerschaft. Sinnlichkeit wird darin nicht besonders groß geschrieben. Doch das muß Ihnen keinen Kummer machen. Was Sie haben wollen, das fordern Sie einfach, und das kriegen Sie auch. Okay, das große erotische Feuer wird nie ausbrechen. Aber Wärme ist genug da. Kurz: Als Affäre ein Flop, als lange Beziehung vielversprechend.

Sie und der Wassermann

Sie beide stimmen darin überein, daß man körperliche Leidenschaft nicht überbewerten sollte. Sie beide schütteln den Kopf, wenn jemand triebhaft ist. So weit, so einig. Doch der Wassermann experimentiert recht gern mit dem Sex. Und das mögen Sie nicht. Er will mal richtig schön was Perverses ausprobieren, er hat davon gehört oder gelesen. Stellungen, die Wiener Auster, Nußknacker oder Schlittenfahrt heißen. Sie wollen gar nicht wissen, was das ist. Sie wollen es straight, frisch und reinlich. Eine zeitlich begrenzte Liebschaft ist empfehlenswert.

Sie und der Fische-Mann

Der romantische Fische-Mann hat verführerischen Charme. Wenn er den Schampus entkorkt, auf daß Ihr kontrollierender Verstand betäubt werde, sind Sie der zerfließenden Hingabe nahe. Er verkörpert das ganz andere, wonach Sie sich immer gesehnt haben, was Ihnen aber auch unheimlich ist – nämlich Ihr genaues Gegenteil. Er ist so schmuseweich und warm. Da trauen Sie sich. Da haben Sie den Mut, geheime Sklaven-Gelüste auszuleben. Er natürlich macht freudig mit. Es gibt noch mehr zu entdecken. Die erotische Anziehung hält. Doch im alltäglichen Zusammenleben wachsen die Probleme.

Sie sind eine Frau.
Sie haben Waage-Energie.

Was Ihnen angeboren ist, und was Sie lernen müssen

Sie haben glitzernden Charme. Sie können flirten. Ihre anmutige Koketterie, Ihre verheißungsvollen Capricen verdrehen Männern den Kopf. Ihr Gang ist leicht und locker, Sie wiegen sich. Männer finden das aufreizend und stellen sich bereits Ihre geschmeidigen Bewegungen im Bett vor. Doch wenn die Jungs sich das vorstellen, sind Sie bereits zufrieden. Sie wollen vor allem Blickfang sein, Ihr Appeal soll Wirkung zeigen. Sie wollen das Gefühl haben, daß Sie jeden Mann verführen könnten. Wenn einer Ihnen dann wirklich verfällt, machen Sie charmant einen Rückzieher. Flirt und Vorspiel sollten Ihrer Ansicht nach ewig dauern. Sie kommen ungern zur Sache. Sie brauchen sehr viel Vertrauen zu einem Partner und noch mehr Selbstvertrauen, um sich im Bett wohlzufühlen. Erst wenn Sie nicht mehr auf die Reaktion der anderen achten, werden Sie auch erotisch zur Genießerin.

Wie Sie verführen, und wie Sie verführt werden wollen

Zu einem Rendezvous sind Sie leicht zu bewegen. Zu einer Nacht schwer. Sie brauchen Hindernisse. Einen Mann, der Ihnen nachläuft, werden Sie nicht ins Schlafzimmer lassen, selbst wenn er Klasse hat, selbst wenn er adelig, berühmt, schön und reich ist, was Sie alles sehr schätzen. Mit der bloßen Bereitschaft zur Hingabe hat er sein Soll schon erfüllt. Doch der originelle Mann, der Ihnen ausweicht, der Sie kaum beachtet, der Sie höflich, aber kühl behandelt, der läßt Sie nicht ruhen. Vom Augenaufschlag bis zu Spitzendessous unter seidener Bluse werden Sie alles einsetzen aus ihrer Wundertüte an Lockmitteln. Wenn er dann artige Komplimente macht und sich Ihnen trotzdem entzieht, wenn er gar andeutet, er werde morgen auf eine lange Reise gehen, kann er sicher sein, in ihrem Bett zu landen. Durch ein Wechselbad aus Widerstand und süßen Worten werden Sie gewonnen.

Ihre Wünsche im Bett, Ihre Abneigungen

Das Vorspiel ist Ihre Kunst. Sie sind raffiniert und verachten den direkten Weg als primitiv. Sie duften, Sie schimmern, Sie tragen erlesene Reizwäsche. Zarten Streicheleien geben Sie sich hin und zarten Worten; es ist gut, wenn Ihr Liebhaber ein wenig Poesie beisteuert. Ein Spiegel steht neben dem Bett. Sie sehen sich selbst gern und genießen es, die Reaktionen des Geliebten zu sehen. Sie tun schamhaft. Doch Sie sind Exhibitionistin. Ihr Körper ist dazu da, bewundert zu werden. Sie werfen sich in Posen und zeigen sich von allen Seiten, besonders von hinten. Auf Ihren Po sind Sie stolz, zu Recht, und Sie lieben alle Stellungen, in denen er zur Geltung kommt. Manchmal zwicken und kneifen Sie, dann haben Sie auch nichts dagegen, wenn der Mann es tut. Nur wer Sie an den Haaren zieht, riskiert ein abruptes Ende der Show.

Ihre sensiblen Zonen

Wer beim engen Tanz die Hand auf Ihr Kreuz legt, ein wenig streichelt und dann die Finger beiläufig tiefer streifen läßt, wird Ihren Atem schneller gehen hören. Kreuz und Po sind Ihre sensiblen Zonen, und jede Art von Berührung dort – anfangs dürfen es Küsse, mit steigender Erregung auch leichte Züchtigungen sein – verschafft Ihnen Wonne. Und keine versteht es wie Sie, vor Wonne zu seufzen.

Ihre verborgenen Phantasien

Als Liebhaberin der schönen Künste kann es Ihnen gar nicht fein genug zugehen. Ihnen schaudert vor sozialen Abgründen. Aber in Ihren Träumen kommen Grobiane und Proleten vor. Vierschrötige Kerle, die ohne Federlesens über Sie herfallen. Fremde, von denen Sie genommen und zurückgelassen werden. Ein wohliges Gruseln überläuft Sie bei solchen Vorstellungen, die Sie sich in stillen Stunden erlauben. Im Bett, wenn Sie die Augen schließen, sehen Sie indes eher einen Prominenten an der Stelle Ihres treuen Partners, einen feurigen Pop- oder Leinwand-Star – oder aber den Mann, dem Sie zuletzt einen Korb gegeben haben. Hätten Sie ihn nicht erhören sollen? Sie mögen es nicht entscheiden und lassen sich – vorerst – in der Phantasie von ihm ausziehen.

Sie und Ihre Männer

Sie und der Widder-Mann

Er bringt Unruhe, Wirbel, Abwechslung in Ihre Tage und Nächte. Die Sicherungen brennen durch, die Kabel knistern, während Ihr Bett bebt. Er verkörpert die Impulsivität, die triebhafte Ungeduld, das Temperament. Sie reizen ihn mit Raffinesse, mit spielerischer Leichtigkeit, mit undurchschaubaren Posen. Das geht gut, bis er des Tändelns müde wird, dann ist er nur noch schnellebig, unduldsam, aggressiv, und Sie fühlen sich übergangen und vulgär behandelt. Es steckt nämlich ein ungehobelter Grobian in ihm, der mit der Zeit immer deutlicher zum Vorschein kommt. Aber gut ist er! Für ein paar Sommernächte.

Sie und der Stier-Mann

Sie beide mögen die Liebe kunstvoll, kultiviert, charmant, humorvoll, beschaulich. Und Sie wollen beide mit allen Sinnen genießen. Sie sind dabei immer um einige Nuancen feinsinniger als der Stier-Mann. Der hat etwas Brünstiges, Drängendes im Bett, das Ihnen fremd bleibt, und das Sie ihm leider auch nicht abgewöhnen können. Zwar verfällt er immer aufs neue Ihrem Sex-Appeal, doch als er merkt, daß Sie auch andere locken, bekommt er vor Eifersucht Haarausfall. Es folgt noch ein wuchtiges nächtliches Aufbäumen, Eifersüchtige sind ja gute Liebhaber. Aber danach trennen Sie sich besser.

Sie und der Zwillinge-Mann

Die Nächte sind voller Gelächter. Sie sind das beste Publikum für den Zwillinge-Mann. Er kommt sich noch witziger vor als sowieso. Mit Ihnen im Bett gefällt er sich in der Rolle des Entertainers, erfindet erotische Märchen, ein Sex-Quiz, Verkleidungsspielchen, und Sie lassen sich zu den entsprechenden Taten verleiten. Zur feurigen Sex-Maschine wird er nie werden. Aber darauf sind Sie ja auch gar nicht so scharf. Sie freuen sich über seine Rücksicht. Eine muntere Affäre, die endlos dauern kann.

Sie und der Krebs-Mann

Er ist glücklich, daß Sie gern allerfeinste Reizwäsche tragen. Weniger glücklich ist er darüber, daß er Sie Ihnen schenken soll. Er ist geizig, oft auch im Bett. Was sich da wie oft ereignet, das bestimmt er. Sex, findet er, ist Chefsache. Und der Chef ist er. Für Ihre leichtsinnigen Spielereien, für Ihre Augenblicks-Einfälle hat er nur etwas übrig, wenn er die Venus im Zwilling hat. Sonst findet er Ihre Erotik oberflächlich und schauspielerisch, während er seinen eigenen

Stil für urgewaltig und abgrundtief hält. Nach wenigen Nächten gibt's Streit.

Sie und der Löwe-Mann

Er hat das Maß an Feuer und Leidenschaft, das Sie sich wünschen. Denn er ist nicht ungeduldig, und seine Großspurigkeit können Sie dank Ihrer Taktik bestens zur eigenen Befriedigung einsetzen. Er liebt die Show genau wie Sie. Beide können Sie sich bei Licht lieben und dabei in den Spiegel sehen. Er darf das hungrige Raubtier sein, während Sie sich als Beute zieren und entziehen. Seine Lust ist direkter und gewiß nicht so feinsinnig und delikat wie Ihre, Sie haben auch mehr Phantasie, aber die bringen Sie ein, und so ergänzen Sie sich gut.

Sie und der Jungfrau-Mann

Er neigt zur Vorsicht im Bett und stellt die erotische Flamme auf klein. Sie beginnen zu frösteln. Sie wollen leichten, genießerischen, kunstvollen Sex? Das versteht er nicht. Aber er schlägt nach. Er hat da rechtzeitig ein paar Bücher über Sex und Gesundheit beiseitegelegt. Und nach präziser Lektüre wendet er ein paar empfohlene Handgriffe an. Sie spüren: Ihm würde es genügen, wenn Sie eine züchtige Hausfrau wären, sauber, ordentlich, tüchtig – ohne nächtliche Wünsche. Doch die haben Sie nun mal. Friedlich ist es ja mit ihm, er ist auch nett und läßt mit sich reden, er redet gern, aber das reicht eben nicht.

Sie und der Waage-Mann

Wer hat die stärkere erotische Ausstrahlung? Sie oder er? Leider konkurrieren Sie beide darum, auch im Bett. Sie wollen beide so anziehend sein, daß Sie vom anderen verführt werden. Und manchmal passiert dann gar nichts. Nach ersten feinschmeckerischen Nächten, in denen er mit Fingerspitzengefühl und sanfter Zunge viel für Sie tut, schleicht sich Bequemlichkeit ein. Er wirkt immer so, als müßte er sich aufraffen, während er viel lieber liegenbleiben, lesen und einschlafen würde. Dann soll er sich seine Komplimente doch anderswo sammeln. Und Sie suchen sich einen Mann, der in Leidenschaft für Sie entbrennt.

Sie und der Skorpion-Mann
Bei ihm nehmen Sie ein geheimnisvolles inneres Glühen wahr, das Sie zugleich anzieht und einschüchtert. Er hat etwas, was andere nicht haben, und er will etwas von Ihnen, das er woanders nicht kriegt. Seine sexuelle Energie wirkt magnetisch, aber im Bett merken Sie, daß dieser Magnet Sie festhalten will. Gerade, daß Sie so leichtlebig und noch im Orgasmus unverbindlich wirken, läßt ihn besitzergreifend lieben. Seine Küsse scheinen Sie zu verschlingen, und er schläft mit Ihnen, als wolle er Sie festnageln. Das halten Sie auf die Dauer nicht aus.

Sie und der Schütze-Mann
Sie beide langweilen sich weder bei Tag noch bei Nacht. Der Schütze-Mann reagiert auf Ihre Lockmittel, auf Ihre vom Wind beinahe verwehte Bluse, auf Ihre in Mailand handgewebte Reizwäsche, auf Ihren koketten, wiegenden Hüftschwung. Er kann Sie wunderbar streicheln. Er nutzt seine Hände, seine Finger zu all den delikaten Spielen, von denen andere, gröbere Männer nichts ahnen. Ihren Hang zum Exhibitionismus teilt er. Schließlich ist Sex eine Show. Leider nur hat er für eine enge Partnerschaft viel weniger übrig als Sie.

Sie und der Steinbock-Mann

Sie haben ein großes Bedürfnis nach Zärtlichkeit, und das ist diesem Mann rätselhaft. Zärtlichkeit – ist das nicht ein anderes Wort für Umständlichkeit? Für vergeudete Zeit? Schade, daß er so denkt, denn er wirkt sehr erotisch auf Sie, und Sie würden gern mehr sinnenfrohe Nächte mit ihm verbringen. Er aber findet, daß Sex in übertriebenem Maß nichts bringt, und Ihr Maß findet er übertrieben. Er investiert die Energie lieber in seine Karriere. Für Ihren flirrenden Appeal hat er bald keinen Blick mehr. Er vernachlässigt Sie. Sie vertrocknen in seiner zweckgerichteten Solidität.

Sie und der Wassermann

Er ist ziemlich viel unterwegs, auch geistig, und das reizt Sie. Es scheint, als hätte er was zu bieten. Er betet Sie nicht an, das fordert Sie heraus. Sie verführen ihn. Im Bett merken Sie, daß er nicht gerade von Lust und Leidenschaft bestimmt wird. Die Triebkräfte des Unterleibs beherrschen ihn jedenfalls nicht. Das Land der Erotik sieht er mehr als Freizeitpark. Er spielt, denkt sich Abenteuerliches aus, probiert alles und auch das Gegenteil. Wenn er die Richtung etwas genauer angeben könnte, wäre es Ihnen lieber. Doch es wird unterhaltsam.

Sie und der Fische-Mann

Zwar mögen Sie die verborgene Leidenschaft hinter der Sanftmut des Fische-Mannes, auch seine Sensibilität und seine Bereitschaft zur Hingabe. Aber im Bett vertragen sich Ihre beiden sanften Temperamente nicht. In Gefühlsdingen werden Sie sich vielleicht bald einig, doch in sexueller Hinsicht nie. Sie möchten einen Striptease vorführen, er will von Ihnen ausgezogen werden. Sie wollen sich ihm unterwerfen, er sich Ihnen. Sie möchten ihm hörig sein, er will Ihr Sklave werden. Sie sind ja diplomatisch und gehen manchen Kompromiß ein. Aber immer und dauernd zurückstecken? Ach, nein.

Sie sind eine Frau.
Sie haben Skorpion-Energie.

Was Ihnen angeboren ist, und was Sie lernen müssen

Sie können hypnotisieren. Männer, die von Ihnen fixiert werden, packt ein wohliges Schaudern: Sie fürchten und wünschen sich zugleich, von Ihnen eingesponnen und ausgesogen zu werden. Die Jungs haben recht. Mit der Skorpion-Energie verfügen Sie über vampirische Qualitäten. Sie verachten Schwäche. Sie sind fordernd und unnachgiebig. Ihre Leidenschaften kommen mit machtvoller Intensität. Sie neigen zum Exzess. Der Intensität Ihrer Gefühle, Ihrer Eifersucht und Ihrem Sex sind nur wenige gewachsen. Sie sind mißtrauisch, haben detektivischen Spürsinn und lassen nicht locker. Vielen potentiellen Partnern ist das unheimlich. Von Ihrer erotischen Ausstrahlung fühlen sie sich angezogen, spüren jedoch: Sie werden nicht loslassen. Wenn Sie das lernen, oder wenn Sie das wenigstens vortäuschen, schüchtern Sie weniger Männer ein und haben zur Leidenschaft auch noch den Spaß im Bett.

Wie Sie verführen, und wie Sie verführt werden wollen

Sie lieben Streit und lange Diskussionen, und nach einer Nacht tiefsinniger Gespräche gehen Sie mit dem Mann ins Bett, dessen Geist Sie am meisten fasziniert hat. Sie finden es verletzend, wenn er die Gelegenheit vorübergehen läßt. Sie sind bereit, sich sofort und völlig hinzugeben und erwarten das auch von ihm. Eine große Taktikerin sind Sie nicht. Häufig starren Sie wie eine Schlange auf den Mann, den Sie verführen wollen. Darauf greifen Sie ihn mit Worten an und verwickeln ihn in einen Streit. Ruhe und Frieden finden Sie lähmend. Die Annäherung nach einem Streit aber verschafft Ihnen ein erotisches Hoch. Der Mann, der mit Ihnen ins Bett will, sagt Ihnen am besten, daß er Sie ungewöhnlich interessant findet und sich gerne länger mit Ihnen unterhalten würde. Das muß er dann zwar tatsächlich tun, aber als Ort für das Gespräch darf er gleich das Bett vorschlagen.

Ihre Wünsche im Bett, Ihre Abneigungen

Sie können wochenlang, monatelang abstinent leben. Aber dann bricht der Vulkan aus. Sie sind heftig. Sie erleben Sexualität so intensiv wie kaum eine andere. Deshalb legen Sie auch keinen Wert auf ausgeklügelte Techniken und raffinierte Verrenkungen. Dergleichen empfinden Sie als Ablenkung. Ihr Liebhaber soll nicht herumspielen. Er soll lieber leidenschaftlich sein. Er soll stark sein. Er soll sich nicht schon nach zwei Orgasmen abwenden und schlafen. Sie wollen mehr. Sie wollen ihn ganz. Mit Haut und Haar. Bald möchten Sie ihn zum Sklaven machen, dann wollen Sie selbst unterjocht werden. Sie saugen an ihm, auch an seinem Hals, so daß er glaubt, mit einer Draculina zu schlafen, was ihn hoffentlich erregt. Sie mögen es auch, wenn an Ihnen gesaugt wird. Sie gehören zu den wenigen, die wirklich durch Cunnilingus in Ekstase geraten. Ihr abgründiges Erleben, die Erschütterungen Ihres gesamten Körpers geben Männern – sofern Sie nicht verfrüht aussteigen – das Gefühl, großartige Liebhaber zu sein.

Ihre sensiblen Zonen

Sie können sich erregen, indem Sie nur die Beine kreuzen, so daß sich die Rosenblätter aneinander reiben. Sie sind eine Meisterin der Masturbation. Und jeder Mann könnte sehr viel lernen, dürfte er Ihnen dabei zusehen. Ihre Schamgegend und die Genitalien sind empfindlicher als bei jeder anderen Frau. Im Sexualchakra sitzt Ihre Energie. Ein Mann, der Sie nur flüchtig dort berührt – warnen Astrologen – setzt etwas in Gang, was er selbst nicht mehr stoppen kann.

Ihre verborgenen Phantasien
In ihrem Verlangen nach extremer Intensität denken Sie an Hexenrituale und schwarze Messen. Gruftiges zieht Sie an. Sie lassen sich auf einem Grabstein lieben, und wenn schon nicht von dem unendlich potenten Satan persönlich, dann doch wenigstens von einem schwarzen Gesellen in Ketten und Lederkluft. Sie befehligen ein Sklavenschiff, insbesondere bei Nacht. Sie lassen sich peitschen und schwingen die Peitsche. Als Angeklagte in einem Hexenprozeß machen Sie sich den gottesfürchtigen Inquisitor untertan. Sie verführen Kirchenmänner zum Sturz in die Sünde. Sie lassen sich auf einem Altar mit Blut übergießen. Sie reiten über ein Kloster; den Mönchen erscheinen Sie als Engel, doch gleich darauf als babylonische Hure, die fromme Beter in die herrliche Verdammnis stößt. Kurz, Ihre Phantasien sind das, was harmlosere Naturen schlicht als pervers bezeichnen.

Sie und Ihre Männer

Sie und der Widder-Mann
Auf die Dauer kommt er mit Ihrem komplizierten Innenleben nicht zurecht. Aber die Anziehung ist zunächst gewaltig. Instinktiv spürt er Ihre Triebstärke. Hier, denkt er, kann er sich austoben. Darf er Macho sein. Er kommt hart, ungezähmt, rücksichtslos, er tut Ihnen weh, aber Sie haben eine starke masochistische Ader und genießen das. Daß er sehr rasch fertig ist, gleichen Sie mit Ihrer Orgasmusfähigkeit aus. Daß er anderen Frauen nachsteigt, verzeihen Sie dagegen

nicht. Sie wollen sich wie ein Privatdetektiv auf seine Spur heften? Belassen Sie es bei der kurzen, heftigen Affäre.

Sie und der Stier-Mann

Eine extrem leidenschaftliche und extrem eifersüchtige Kombination. Obwohl Sie beide langsam zünden, gibt es hier Faszination auf den ersten Blick und eine magische körperliche Anziehungskraft. Sie sind fordernd im Bett, er ist ein dampfender Dauerbrenner. Sanft geht es nicht zu. Sie wissen anschließend, warum so viele Toreros beim Stierkampf auf der Strecke blieben. Und er weiß, warum Frauen Fingernägel haben. Es wird gerungen bis zum Orgasmus und darüber hinaus. Im Alltag allerdings wird das Ringen fortgesetzt.

Sie und der Zwillinge-Mann

Ihrer Intensität ist der Zwillinge-Mann nicht gewachsen. Die Power, die Sie im Bett brauchen, kann er nicht bieten. Er möchte lustig mit Ihnen herumtändeln, Sie aber wollen ihn ganz und gar. Er hat gern eine kleine kurze Show mit Spaß und Sexappeal. Sie jedoch wollen eine Nacht lang bis ins Mark erschüttert werden. Er hat das Gefühl, Sie wollten ihn ans Bett fesseln, und stiehlt sich bald verängstigt davon. Trösten Sie sich. So einer wird nie ermessen, was Sie zu bieten haben.

Sie und der Krebs-Mann

Heiße Herzen, tiefe Gefühle. Jeder will den anderen in Besitz nehmen. Er geht gierig und dennoch behutsam ans Werk. Er ist zärtlich. Das darf so bleiben. Er ist sich seiner Potenz nicht ganz sicher. Das ändert sich in Ihrer Gegenwart. Sie sind so begeisterungsfähig im Bett, so hingabebereit und so lustvoll, daß er sich zu rekordverdächtigen Höchstleistungen steigert. Auf lange Sicht allerdings ist er ein wenig wankelmütig und zieht sich gern mit einem Bier in die Bequemlichkeit zurück. Aber Sie werden ihn schon aufreizen und scharfmachen. Wer, wenn nicht Sie?

Sie und der Löwe-Mann

Zwei starke Persönlichkeiten, die sich bald bekriegen. Der Löwe-Mann will als strahlender Sieger auf Ihnen durchs Ziel reiten. Doch so einfach lassen Sie das nicht mit sich machen. Sie umschließen ihn und diktieren die Bewegungen. Ihrer verlangenden erotischen Kraft kann er sich nicht entziehen. Ihm wird unheimlich. Wenn er fertig ist, merkt er, daß Sie gerade erst angefangen haben. Unvergleichlich lodert das Feuer, das Sie entzünden. Er hat das Gefühl, es verschlinge ihn. Brandheiße Nächte – für kurze Zeit.

Sie und der Jungfrau-Mann

Er beruhigt Ihre Ängste. Ihr Begehren jedoch befriedigt er nicht. Er gibt sich Mühe. Eine Zeitlang hält er Sie mit einstudierten Fingerspielen und Zungenkünsten bei Laune. Doch von der mächtigen erotischen Urkraft, die in Ihnen lebendig ist, hat er nur eine blasse Ahnung. Sie können ihn erwecken. Weil er Schuldgefühle mit sich herumträgt, findet er es schön, wenn es ein bißchen wehtut. Und wenn er ein bißchen wehtun darf. Er mag Spiele, die an die Grenzen gehen. Wenn Sie ihm da ein bißchen auf die Sprünge helfen, kann es richtig aufregend werden. Und zwar für lange Zeit.

Sie und der Waage-Mann

Er mag Ihre Augen, hinter denen er vielversprechende Tiefen ahnt. Sie mögen seine Geschmeidigkeit. Sein Sex hat etwas Tänzerisches, seine Leichtigkeit zieht Sie an. Noch im

Bett ist er charmant. Allerdings auch unverbindlich. Wenn Sie mit einem Mann schlafen, dann meinen Sie ihn und keinen anderen. Aber dieser Waage-Kerl? Der denkt vor allem an sich. Der möchte bewundert werden. Möchte sich ausstellen. Möchte, daß Sie ihn sexy finden. Genau wie die anderen Frauen, die er anflirtet. Seine Leidenschaft hat etwas Gespieltes. Nein, Sie wollen mehr, brauchen mehr, haben mehr verdient.

Sie und der Skorpion-Mann

Die Wäsche reißt, das Haus erbebt bis in die Grundfesten. Nachbarn vermuten Terroristen hinter den Wänden. Eine folternde Sekte. Oder Brandstifter. Heiß sind die Nächte jedenfalls, vibrierend, kämpferisch, laut, oft gewalttätig. Wenn Sie beide sich voll ausleben, setzen Sie Leder, Ketten, Peitschen ein. Doch zwei Skorpione kommen selten zusammen. Sie spüren, daß die extreme Intensität, die sie erleben, sie zugleich zerstören könnte. Wenn es Sie doch trifft: Ziehen Sie in ein abgelegenes Einzelhaus, oder begnügen Sie sich mit einer kurzen Affäre!

Sie und der Schütze-Mann

Er wird nur auf der Durchreise haltmachen. Für eine Nacht, die bunt und schön, aber etwas kurz ist. Denn Sie sind so fordernd, so lechzend, so ganz und gar erotisch, daß er, der leicht Erregbare, mal wieder viel zu früh kommt. Dafür verschafft er Ihnen höchste Lust mit seiner Zunge oder seiner leichten Hand, mit der er andere, ausgepowerte Körperteile bestens ersetzt. Er bleibt nur kurz, weil für ihn Sex unbeschwert und vergnüglich sein soll, und das ist für Sie, die mehr will als nur Knallbonbons und Feuerwerk, einfach nicht ausreichend.

Sie und der Steinbock-Mann

Er ist der Träger des Gelben Trikots. Der Durchhalter. Sie sind die Frau, die seine erotischen Energien in Fluß bringen kann. Sie haben ein intuitives Gefühl für seinen Körper. Sie bringen die Ideen; er ist derjenige, der voll Zähigkeit und Kampfgeist mitmacht. Die Nächte sind schon deshalb lang, weil keiner klein beigeben will. Fast ergeben Sie ein ideales Paar. Die Leidenschaft zwischen Ihnen kann nicht nur bleiben, sie kann sich steigern – sofern er Sie nicht zugunsten einer hartnäckig betriebenen Karriere vernachlässigt. Dann müßten Sie sich die Küsse stehlen. Aber das macht ja auch Spaß.

Sie und der Wassermann

Bei Tag und bei Nacht ist er unberechenbar. Er läßt sich nicht von Ihnen dominieren. Er entzieht sich. Und wenn er mit Ihnen zusammen ist, haben Sie das Gefühl, sein Geist ist woanders. Selbst in Ihrem vibrierenden Bett fällt er durch Zerstreutheit und mangelndes Interesse auf. Ihre Lust findet er merkwürdig. Ihre Ekstasen kann er nicht nachempfinden. Ihre kämpferische Gier macht ihn ratlos. Er will nur ein bißchen spielen. Er findet Sex interessant, aber Ihre erotische Kraft ist ihm fremd. Sie werden nicht glücklich mit ihm, er sucht das Weite.

Sie und der Fische-Mann

Jeder ist vom anderen fasziniert. Daß Sie viel wollen, daß Sie mehr wollen, daß Sie besitzergreifend sind, stößt ihn nicht ab. Er hat keine Angst vor Ihrer Erotik. Er mag Ihre Energie. Im Bett läßt er Sie gern dominieren. Sie blühen auf. Er liebt es sogar, wenn Sie ihn versklaven. Wenn Sie ihn ein bißchen mißhandeln und züchtigen. Und den Gefallen können Sie ihm tun. Bei Ihnen darf er seine vielfältigen erotischen Phantasien ausleben, gerade diejenigen, die von der Norm gründlich abweichen. Da er nie so richtig greifbar ist und Sie ihn stets packen wollen, wird es nie langweilig. Die erotische Spannung bleibt.

Sie sind eine Frau.
Sie haben Schütze-Energie.

Was Ihnen angeboren ist, und was Sie lernen müssen

Sie sind die Donna Juana des Tierkreises. Sie haben von jeher die Jungs geneckt. Frank und frei flirten Sie mit beinahe jedem, flattern gleich danach weiter, und wenn ein armer Kerl ernsthaft etwas will, machen Sie sich einen Spaß aus ihm. Sie sind kameradschaftlich und begeisterungsfähig, reden gern, hören auch gut zu. Sie können sich wunderbar freuen und dabei in die Luft hopsen, so daß melancholische Männer denken, Sie wären das Feuer für Tag und Nacht. Doch das ist ein Irrtum. Sie ziehen viele oberflächliche Erfahrungen einer großen Leidenschaft vor. Sexualität ist für Sie eine lustige Sportart. Sie machen mit, sonderlich tiefe Empfindungen haben Sie nicht. Sie mögen sich nie mit ganzem Gefühl nur einer Sache oder einem Mann hingeben. Vorerst jedenfalls nicht. Und solange Sie das nicht tun, werden Sie viele muntere Orgasmen erleben, das großen Beben jedoch nicht. Muß ja auch nicht sein.

Wie Sie verführen, und wie Sie verführt werden wollen

Ein Mann muß sich Ihnen entziehen, dann werden Sie neugierig. Gut, wenn er auch noch weitgereist ist und mit Witz erzählen kann. Sie schwärmen für Abenteurer und Globetrotter und träumen davon, entführt zu werden. Doch bis dahin fallen Sie auf Schönredner herein. Weil Sie dünnhäutig und leicht verletzbar sind, brauchen Sie Komplimente fuderweise. Ein Mann, der einigermaßen geschickt zu schmeicheln versteht, kann es bei Ihnen bis ins Bett schaffen. Doch auch brave Kerle bekommen eine Chance. Einen guten Freund nehmen Sie ganz gern mal unter die Decke. Mit ihm können Sie vergnügt sein, ohne daß er das Spiel mit Gefühlen belastet. Mit kleinen Streicheleien zeigen Sie, daß die Zeit für so ein Techtelmechtel reif ist. Er darf ruhig etwas Widerstand leisten, dann ziehen Sie ihn – für diese eine Nacht. Für die Zukunft bedeutet das gar nichts.

Ihre Wünsche im Bett, Ihre Abneigungen

Unterm Sternenzelt soll es sein, bei Regen gern unterm Plastikzelt. Im Sommer am Strand, im Herbst auch im Wohnmobil. Jedenfalls draußen. Frische Luft gehört zum Vorspiel, das ansonsten nicht allzu lang sein muß. Sie möchten schnell und ohne verstiegene Raffinessen zur Sache kommen, also zu mehreren vergnüglichen Highs. Es macht Ihnen Spaß, den Liebhaber zu necken und zu täuschen, zum Beispiel durch Stop-and-Go-Techniken: Wenn er sich dem Himmel gerade nahe wähnt, brechen Sie ab und halten still. Sobald er bereit zum Aufgeben ist, beginnen Sie wieder. Sie haben nichts dagegen, wenn er zu früh kommt. Dann machen Sie es selbst, und er darf zusehen. Allzu ekstatische Liebhaber mögen Sie ebensowenig wie exotische Varianten und alles, was nach Exzess aussieht. Sie wollen es frisch, fröhlich, frei, und anschließend – manchmal schon mittendrin – möchten Sie ausgiebig reden.

Ihre sensiblen Zonen

Sie haben eine besondere Beziehung zu Ihrem Haar. Wenn ein Mann es bewundert, damit spielt, hindurchstreicht, wenn er es bürstet, kämmt, ganz vorsichtig daran zieht, dann schnurren Sie und schließen die Augen. Ihre Haut ist am empfindlichsten an Hüften und Schenkeln: Dort geküßt, gestreichelt oder geölt zu werden, kurbelt Ihre Hormonproduktion gewaltig an. Wenn ein Mann gut massieren kann, und wenn er sich dabei in Richtung Schenkel und Hüften bewegt, seufzen Sie vor Wonne und lassen beinahe alles mit sich geschehen.

Ihre verborgenen Phantasien

Sie schweifen umher und in alle Erdteile. Wie wäre es mit einem federgeschmückten Indianer? Mit einem kaiserlichen Chinesen? Einem eisleckenden Eskimo? Sind Neger wirklich so potent? Alles, das Beste zumindest, wollen Sie ausprobieren. In Ihrer Phantasie begeben Sie sich auf Reisen und picken sich überall die männlichen Rosinen heraus. Ein reicher Gemahl zu Hause ermöglicht Ihnen alle Eskapaden, Sie brauchen nicht zu sparen. Doch unternehmen Sie Ihre Phantasie-Abenteuer mit Exoten nicht allein der sexuellen Befriedigung wegen, sondern um Ihren Horizont zu erweitern. Und damit beginnen Sie im Bett schon bei ihrem gegenwärtigen Partner: Während des Liebesspiels schweifen Sie ab und über seine und die Grenzen des Zimmers hinaus. Mit dem, was Sie haben, sind Sie meist unzufrieden, Ihre Sehnsüchte sind nicht zu stillen. Deshalb bleibt Ihre Phantasie lebendig. Zumindest im Geiste sind Sie dem Partner immer aufs neue untreu.

Sie und Ihre Männer

Sie und der Widder-Mann

Er mag Ihre Spritzigkeit. Sie seine Impulsivität. Aber er ist Ihnen ein bißchen zu direkt. Deshalb spielen Sie mit ihm, wenn er Ihnen nachstellt, und genießen, wie er immer wilder wird. Wenn Sie das Gefühl haben, ihn lenken zu können, geben Sie sich hin. Er kommt wild und stürmisch, Sie halten locker mit und necken ihn, weil er zu früh fertig ist.

Sie finden ihn feurig, er Sie erfrischend. So kann es denn weitergehen: unruhig, temperamentvoll, abwechslungsreich. Mit Leidenschaft und Wutausbrüchen. Denn er ist mindestens so untreu wie Sie.

Sie und der Stier-Mann

Er will ständig mit Ihnen ins Bett, aber dafür sind Sie die Falsche. Sie haben ganz unvermittelt Lust. Aus heiterem Himmel überfällt Sie die Gier, mitten am Tag schlägt der Blitz ein, auch an sonderbaren Orten oder im dritten Satz des Sinfonie-Konzertes. Seine Regelmäßigkeit, auch seine Abhängigkeit von einer gepflegten Umgebung sind Ihnen fremd und auf die Dauer lästig. Sie sind im Bett auf Abenteuerliches aus, er auf geradlinige Befriedigung. Er möchte schnaubend drauflos stürmen, Sie bremsen ihn, locken ihn, bremsen wieder. Ihnen macht das Spaß, er findet es unnötig kapriziös. Wenige gute Nächte.

Sie und der Zwillinge-Mann

Flirt, Verführung und Vorspiel sind zwischen Ihnen beiden das Beste. Gegenseitig umgarnen Sie sich wortgewandt und anspielungsreich, tricksen sich aus und spielen mit der Liebe. Unter Gelächter geht es ins Bett. Er legt ein Vorspiel hin wie eine Varieté-Nummer und erledigt die Hauptsache schnell. Sie spüren leichte Wellen der Erregung, mehr eigentlich nicht. Sie erwarten beide mehr Sinnlichkeit und Leidenschaft vom anderen und bleiben auf die Dauer unbefriedigt. Aber so mal kurz zwischendurch: ein heiteres, komödiantisches Lustspiel.

Sie und der Krebs-Mann

Für den empfindlichen Krebs sind Sie zu frech und freimütig. Anfangs hat er das gern. Er denkt, er ist es, der Sie so lustig macht. Später meint er, Sie machen sich über ihn lustig. Und das kommt der Wahrheit näher. Im Bett geht es hoch her. Er hat die fingerfertige Raffinesse, die Ihnen viele muntere, allerdings nicht berauschende Highs beschert. Ihn wiederum spornt Ihre vibrierende Unruhe an und die Eifersucht, zu der er bei Ihren Flirts allen Grund sieht. Bald will er Sie festsetzen und beherrschen. Das führt nachts zu atemlosen Steigerungen, tags zu Reibereien. Sie verabschieden sich mit Wehmut.

Sie und der Löwe-Mann

Sein Sinn für Theatralik liegt Ihnen. Er spielt sich im Bett groß auf, Sie lachen und spielen mit. Weil Sie etwas kühler sind, können Sie mit seinem Feuer souverän umgehen. Seine Leidenschaft überträgt sich auf Sie. Sein sexuelles Selbstbewußtsein vertreibt Ihre Unsicherheit. So lassen Sie ihn gewähren, liegen unten, steuern ihn und genießen. Weil er auf Ihren Applaus bedacht ist, gibt er sich alle Mühe. So können Sie wunderbar mit ihm spielen. Nur wenn Sie allzu deutlich dominieren wollen, wird es Probleme geben. Aber mit Ihrem Geschick können Sie alles und noch mehr von ihm bekommen.

Sie und der Jungfrau-Mann

Daß Sie unvernünftig wirken und guten Rat brauchen, findet er amüsant. Sie wirken so frisch und lustig und sehen die Welt so staunend an. Da möchte er Ihr Lehrer sein. Das allerdings haben Sie nicht gern. Und wenn er nicht gerade die Venus im Löwen hat, wird es im Bett gründlich schiefgehen: Er kommt Ihnen gehemmt und umständlich vor, Sie ihm nervös und desinteressiert. Je mehr Mühe er sich gibt, desto weniger Platz ist für Ihre Spontaneität. Wenn Sie lustvoll seufzen, dann nur, weil Sie an einen anderen denken. Sie beide können gute Kameraden sein, vor allem außerhalb des Schlafzimmers.

Sie und der Waage-Mann

Er hat so etwas Verschämtes. Das finden Sie witzig. Also fordern Sie ihn heraus. Necken ihn. Ködern ihn. Und haben ihn. Dann aber müssen Sie sich ein wenig zieren. Wenn Sie ungeduldig wirken, schlafft seine Erregung prompt ab. So ganz zuverlässig ist er nämlich nicht. Schon gar nicht im Bett. Ihren kunstvollen Fingerspielen zwar kann er nicht widerstehen. Langsam aber sicher läuft er zu einer Leidenschaft auf, von der er selbst nichts geahnt hat. Und tut, was immer Ihnen gefällt. Damit er aber auf die Dauer aktiv bleibt, müssen Sie ihn stets aufs neue reizen und triezen und pieksen.

Sie und der Skorpion-Mann

Er ist Ihnen zu triebhaft. Im Bett wird Ihnen unheimlich zumute. Etwas glühend Fanatisches ist in seinem Drängen und Treiben. Etwas Angespanntes und Unnachgiebiges. Sie mögen es gern feinsinnig und tänzerisch und leicht, er jedoch hat etwas animalisch Rauhes und Wildes. Seine Leidenschaft beeindruckt Sie und jagt Ihnen zugleich Furcht ein. Seinen Hang zum Sadismus lehnen Sie vollends ab. Er mag es, wenn es wehtut, vor allem, wenn es Ihnen wehtut. Nein. Da fühlen Sie sich weder befriedigt noch gewürdigt noch frei, und sein Lustgewinn ist weit größer als Ihrer.

Sie und der Schütze-Mann

Es funkt schnell zwischen Ihnen. Und falls Sie beide nicht so viel reden – er tut es fast noch lieber als Sie –, sind Sie auch schnell im Bett. Zwischen den Kissen übertrifft er Sie dann an Geschwindigkeit, leider. Aufgeregtheit, Eile, Unruhe bestimmen überhaupt Ihre gemeinsamen Nächte. Wenn Sie beide locker genug sind, wird es lustig, doch nicht sehr viel mehr. Immerhin haben Sie Einfluß auf ihn: Sie können mit der Zeit sein Tempo von der Hast zum gemäßigten Galopp heruntertunen. Und das macht mehr Spaß. Aber ob Ihre Affäre wirklich so lange dauert, daß Sie das noch erleben, ist fraglich.

Sie und der Steinbock-Mann

Er setzt Grenzen, auch sich selbst. Druck und Spannungen, die er bei Tag ansammelt, läßt er im Bett los. Das gibt seinem Sex eine Kraft, die Ihnen zu rauh, zu machohaft und ungebärdig ist. Sie können ihn zwar führen, denn in seinem Inneren herrscht Chaos, und er hört auf eine kluge Frau. Sie können ihm also sagen, was Ihnen gefällt. Dann gibt er sich Mühe. Aber daß Sie das erklären müssen, ist schon nervig. Und er hat eine latente Vorliebe für gewaltsame Techniken, die Sie ablehnen. Weil er außerdem nicht akzeptieren mag, daß Sie erotische Freiheit beanspruchen, empfiehlt sich die Paarung nur für's reife Alter.

Sie und der Wassermann

Er ist weder besitzergreifend noch allzu ekstatisch. Ihnen geht es ähnlich. Sie sehen Sex als heitere Sportart, er als Jahrmarkt der Erfindungen und als Sammelsurium der Gags. Sie beide lieben Lust ohne bohrenden Tiefsinn. Und das verträgt sich. Sie beide sind neugierig, leichtsinnig und phantasievoll, so daß keine Nacht der anderen gleicht. Manche geht auch völlig daneben. Er ist mehr mit Technik bei der Sache, oft sogar mehr mit dem Kopf als mit dem Körper, Sie mehr mit Gefühl. Macht ja nichts. Geballte Leidenschaft wird sich daraus nur selten ergeben, Abwechslung immer.

Sie und der Fische-Mann

Er verfällt Ihrer unberechenbaren Impulsivität, Ihrem Lachen und Ihrer Quirligkeit. Sie bewundern die Unergründlichkeit seiner Gefühle. Im Alltag ist er chaotisch und unzuverlässig, doch sexuell haben Sie ihn bald fest im Griff. Als Herrscherin quälen Sie ihn ein wenig. Das bindet ihn nur stärker an Sie. Doch wurmt ihn, daß Sie nicht so tief empfinden wie er. Vieles, was er erotisch findet – sonderbare Phantasien, masochistische Tändeleien, Verkleidungen, Rollenspiele – finden Sie zeitraubend. Eine kurze, für ihn schmerzhafte Liaison.

  *Sie sind eine Frau.*
Sie haben Steinbock-Energie.

Was Ihnen angeboren ist, und was Sie lernen müssen

Sie schütteln den Kopf über die Triebhaftigkeit vieler Mitmenschen. Das meiste, was in den Betten läuft, halten Sie für oberflächlichen Energieverschleiß. In Ihrer Tiefe jedoch schlummert ein erotischer Vulkan. Allerdings sind Sie in der Lage, ihn so lange schlummern zu lassen, daß statt dessen Ihr Partner explodiert. Ihre selbstgenügsame Stärke und Unabhängigkeit bringt manchen Mann um den Schlaf. Gerade weil Sie ihn nicht brauchen, will er Sie haben. Er will Ihre Leidenschaft wecken. Und das lohnt sich auch. Einmal befreit, brennt Ihr erotisches Feuer leuchtend hell und ausdauernd, ja, es verzehrt den hartnäckigsten Liebhaber. Mit den Jahren kommt Ihre Warmherzigkeit zum Vorschein, Sie werden weicher und lockerer, gewinnen immer mehr an Sexappeal und Orgasmusfähigkeit. Wenn Sie darauf nicht warten wollen, müssen Sie Ihr Mißtrauen streichen und sich im Vertrauen auf Ihre Kraft auf Abenteuer einlassen.

Wie Sie verführen, und wie Sie verführt werden wollen

Sie werden niemandes Spielzeug sein. Bevor Sie einen Mann ins Schlafzimmer lassen oder seines betreten, wollen Sie von seinen ernsten Absichten überzeugt werden. Nicht, daß er Sie heiraten soll. Er soll es nur ehrlich meinen. Angeber, Playboys, Ladykiller durchschauen Sie. Anfällig indes sind Sie gegenüber Mächtigen, Erfolgreichen, Autoritäten. Solche Männer respektieren und bewundern Sie. Und doch ist es eher ein schwacher Mann, in den Sie sich verlieben. Vielleicht, weil Ihnen die Rolle der Herrscherin so gut liegt.

Wenn er offen redet, aufrichtige Komplimente macht und Sie aufzuheitern versteht, hat er jedenfalls beste Chancen. Wann man ins Bett geht, bestimmen allerdings Sie. Seine Geduld wird mit Leidenschaft belohnt, verpflichtet aber auch: Seitensprünge erlauben Sie sich selbst kaum und ihm überhaupt nicht. Sie sind keine Frau für Affären.

Ihre Wünsche im Bett, Ihre Abneigungen

Einmal zur Hingabe bereit, zünden Sie schnell. In wenigen Sekunden von Null auf Hundert, übernehmen Sie die Führung, denn Sie wollen wissen, wo es langgeht. Umständliche Positionen oder bizarre Hilfsmittel brauchen Sie nicht, allenfalls qualitätvolles Leder ist Ihnen als animalische Anregung willkommen. Sie sind fordernd und dominant. Ihr sexuelles Durchhaltevermögen ist größer als das der anderen Frauen und vor allem als das der Männer. Sie sind Herrenreiterin. Sie sitzen oben, bestimmen Tempo und Rhythmus und treiben beides zum Crescendo. Sie sind entschlossen, sich Ihren Orgasmus zu erstreiten. Sie schreien, Sie kratzen, Sie beißen, Sie teilen Schläge aus. Ausdauernde Männer und solche, die sich wehren können, haben einen Heidenspaß. Bei anderen verlieren Sie mit der Zeit die Lust, wenden sich aber keinem anderen zu, sondern der Abstinenz.

Ihre sensiblen Zonen

Der Bereich um Ihren Nabel ist hochempfindlich. Das ist der Platz für Küsse, Streicheleien, kleine Bisse und schäumenden Champagner. Das gilt ähnlich für die Rückseite Ihrer Knie. Subtile Berührungen dort versetzen Sie in Erregung. Und, mag es auch seltsam sein, Sie bekommen einen besonderen Kick, wenn der Mann sich unter Ihren Achseln zu schaffen macht. Es ist immer die weiche Rückseite der

Härte, von der aus blitzschnell die tiefsten Regionen Ihrer Lust zu erreichen sind.

Ihre verborgenen Phantasien
Weil Sie das Leben ernst nehmen, sehnen Sie sich nach Leichtlebigkeit. In Ihren Phantasien lösen Sie sich von der Erdenschwere. Dann möchten Sie sich einfach wegschenken und schweben. Endlich soll der begrenzende Verstand einmal ausgeschaltet sein, der Ihnen sonst diktiert, was man tut und vor allem läßt. Sie träumen davon zu zerschmelzen, sich angstlos hinzugeben und die Gefühle ohne Ende fließen zu lassen. Während Sie im Alltag Gelegenheit haben, zu herrschen und anderen Ihre Gesetze aufzuzwingen, streifen die Phantasien in die entgegengesetzte Richtung: Sie geben die Zügel ab und lassen alle Disziplin fahren, werden anarchisch, unterwerfen sich, lassen sich verurteilen und bestrafen, einsperren und züchtigen, Sie werden hörig – oft einer Frau. Grundsätzlich jedoch erlauben Sie sich nur wenige sinnliche, körperbezogene Phantasien. Ihr Realitätssinn ist stärker. Und Ihre Wirklichkeit ist spannend genug.

Sie und Ihre Männer

Sie und der Widder-Mann
Diese Kombination kommt selten zustande. Er braucht Blitzsiege, Sie lassen nur langsame Eroberungen zu. Auch ist er mindestens so herrschsüchtig wie Sie. Wenn es doch mal zu einem nächtlichen Treffen kommt, prallen zwei Temperamente aufeinander: Er verschießt sein Pulver knallig und schnell. In Ihnen kocht die Lava langsam hoch, bricht in vulkanischen Eruptionen aus und strömt dann mit unverminderter Glut immer weiter. Der Widder-Mann mit seiner

erkalteten Asche kann nur noch kleinlaut staunen. Er versucht, schnell einzuschlafen. Sie verachten ihn hochmütig.

Sie und der Stier-Mann

Sie sind die Melancholikerin, er der standhafte Optimist. Sie wollen im Bett zu wahrer Leidenschaft erweckt werden. Er weckt sehr gern, mit behaglicher Ausdauer und wärmender Energie. Er ist ein Freund schlichter Sinnenfreuden, davon profitieren Sie. Er macht Sex unkompliziert. Sie sind tiefsinniger, ehrgeiziger und auf Dominanz aus; das läßt er sich gern gefallen. Es kommt seinen leicht masochistischen Phantasien zugute. Mit den Jahren werden Sie sexuell freigebiger, sein Interesse erlischt nicht. So werden Sie beide erotisch ein immer besseres Paar.

Sie und der Zwillinge-Mann

Er ist ein Don Juan ohne ernste Absichten, das durchschauen Sie erbarmungslos. Männer, die überall herumflirten und Ihre Hingabe von der Gunst des Augenblicks abhängig machen, finden Sie lachhaft. Er ist so einer. Und doch kann es sein, daß Sie an einem stahlenden Urlaubstag mit ihm ins Bett gehen. Denn er ist eine ideale Ferienliebschaft, entspannend, sexuell vom Wetter abhängig und nicht nachtragend. Die Nacht mit ihm ist lustig. Am Morgen fühlen Sie sich erfrischt wie nach einem erotischen Schnellimbiß. Er bleibt noch zum Frühstück. Mehr muß auch nicht sein.

Sie und der Krebs-Mann

Besser als andere spürt er Ihr Bedürfnis nach Zärtlichkeit. Gerade weil er sensibel ist, läßt er sich von Ihrer Ironie nicht schrecken. Er sieht tiefer, und Ihre Kraft schüchtert ihn nicht ein. In der ersten Nacht schmelzen Sie unter seinen einfühlsamen Händen. In der zweiten Nacht räkeln Sie sich selbstbewußt. In der dritten melden Sie Wünsche an. Und mit der Zeit werden Sie immer fordernder. Damit, überhaupt mit Ihrem Machtanspruch, kann der Krebs-Mann nicht umgehen. Er fühlt sich unterdrückt. Seine Potenz wankt. Er schrumpft. Bis Sie ihm Adieu sagen. Er geht mit wundem Herzen.

Sie und der Löwe-Mann

Mit Angebern haben Sie nichts im Sinn. Hier ist einer. Er kann gar nicht verstehen, warum Sie nicht Ihre Kleider abwerfen, wenn er sich nähert. Warum Sie sich nicht willenlos hingeben, wenn er lächelt. Aber Sie sind cool. Sie können ihn zappeln lassen. Sie brauchen ihn nicht. Übersehen ihn sogar. Das wurmt ihn, quält ihn, zermartert sein Selbstwertgefühl. Er winselt, bis er am Ende sogar Ihr Untertan sein will. Eine tief vergrabene Sehnsucht nach Demütigung treibt ihn zu Ihnen ins Bett. Und da lodert die Flamme plötzlich betäubend hoch, Sie beide verstehen sich, sind eins – doch nur für kurze Zeit. Streitigkeiten des Tages verderben am Ende die Nacht.

Sie und der Jungfrau-Mann

Eine großartige Ehe, eine miserable Affäre. Sexuell läuft zwischen Ihnen beiden allenfalls am Anfang etwas, und auch das wirkt eher wie ein umständliches Versehen. Danach verwenden Sie beide Zeit und Kraft auf Besseres. Gelegentliche zufällige Begegnungen im Bett sind ohne überflüssige Sinnlichkeit und verstiegene Ekstasen. Der Jungfrau-Mann will mal eine lästige Spannung loswerden, Sie filtern etwas Zärtlichkeit heraus. Das genügt. Nicht? Dann müssen Sie beide über die Grenzen Ihrer Vernunft springen und in die Untiefen Ihrer Lust tauchen.

Sie und der Waage-Mann

Sein Charme und sein Appeal haben anfangs eine magnetische Wirkung. Sie sehnen sich nach Nonchalance und Leichtigkeit, er scheint beides auf Sie zu übertragen. Bald halten Sie diese Eigenschaften nur noch für Oberfläche. Sein Geplänkel im Bett läßt nicht gerade auf tiefe Leidenschaft schließen. Er möchte Beifall für seine mittelmäßigen Leistungen. Daß Sie fordernd und nicht schnell zufrieden sind, läßt ihn schrumpfen. Sie schwingen sich auf, dominieren ihn, zeigen ihm, was Erotik ist, und er läßt es geschehen. Am Ende kann er nicht mehr als seine Duldsamkeit ins Feld führen. Für Sie zuwenig.

Sie und der Skorpion-Mann

Sie verstehen ihn. In der kompromißlosen Leidenschaft, die ihn beherrscht, sehen Sie die Zeichen der Liebe. Er ist phantasievoll, das bewundern Sie, trotz der Verstiegenheit seiner Wünsche. Sie sind stark genug, sich einem starken Mann hinzugeben. Überlegen genug, seine gewalttätigen Praktiken und schmerzhaften Neigungen mitzumachen, ohne sich darin zu verlieren. Ihre Nächte wechseln zwischen Kampf und Ekstase, weil Sie beide bereit sind, an die Grenzen zu gehen und die letzten Geheimnisse zu ergründen. Und die Machtkämpfe des Tages werden zu Liebesringen bei Nacht.

Sie und der Schütze-Mann

Sie können ihn nicht so ganz ernst nehmen. Er wiederum hat Respekt vor Ihnen. Deshalb redet er nervös herum und will sich nicht festlegen. Sie sind vorsichtig, er ist ein Spieler. Er meint, er könne Sie mal eben auf die Strichliste setzen. Sie halten ihn für schwach. Wenn Sie ihn ins Bett nehmen, dann allenfalls, um eine Freundin zu rächen. Dann fordern Sie das, was er am wenigsten hat: Durchhaltevermögen.

Wenn Sie wollen, können Sie ihm in einer einzigen Nacht für immer den Komplex sexueller Minderwertigkeit einpflanzen. Schonen Sie ihn. Er wird ohnehin ausgepowert, schlapp und klappernd von dannen ziehen.

Sie und der Steinbock-Mann

Ein romantischer Einstieg, dann immer mehr Abstriche, am Ende höchstens ein sachliches Nebeneinander. Anfangs sind Sie beide glücklich, das gleiche Temperament gefunden zu haben: Jeder weiß vom verborgenen Feuer des anderen, jeder weiß es zum Lodern zu bringen. Solange die Hormone der Verliebtheit kreisen, sind die Nächte ekstatisch, laut und lang, enthalten eiserne Härte und betörende Weichheit, wohligen Schmerz und ersehnte Entspannung. Doch nach dem Rausch entdeckt jeder die eigenen Fehler im anderen. Sexuelle Abstinenz droht. Was über einen Sommer hinausgeht, schafft Leid.

Sie und der Wassermann

Die unorthodoxen Phantasien des Wassermanns, sein leidenschaftsloses Experimentieren, seine wiederholte Geistesabwesenheit bei ihrem Orgasmus – das ist für Sie, bei aller Liebe, ein bißchen viel. Sie wollen keinen Mann, der seinen Appeal flatterhaft spazierenträgt, im entscheidenden Augenblick jedoch ans Internet denkt. Sie wollen kraftvoll und ausdauernd versorgt sein. Von einem lebendigen, instinktsicheren Mann, nicht von einem Cybersex-Experten. Schade eigentlich. Er ist nämlich sympathisch. So spielen Sie ein wenig mit ihm und verwandeln die Affäre möglichst bald in Freundschaft.

Sie und der Fische-Mann

Daß Sie beide zusammenkommen, verstehen Ihre Freundinnen nicht. Aber die Sache hält länger als deren Unkerei. Sie sind im Bett viel weicher, er wiederum viel stärker, als Hobby-Psychologen vermuten. Allerdings ist er unbeständig, deshalb übernehmen Sie die Führung. Er unterwirft sich zum eigenen Genuß und gelangt auch sexuell zu ungeahnter Stabilität. Zum Dank weiht er Sie ein in die Wonnen bedingungsloser Hingabe und Versklavung. Erotisch kann es ein Weg der Wunder und Überraschungen werden. Ein Wunder allerdings bleibt aus: daß er von Ihnen Treue lernt.

Sie sind eine Frau. Sie haben
Wassermann-Energie.

Was Ihnen angeboren ist, und was Sie lernen müssen
Sie wollen kein Objekt der Begierde sein. Sie haben Charme
und Sexappeal, doch die Reaktion der Männer darauf stört
Sie zuweilen. Sie sind auf Freundschaft aus, nicht auf Leidenschaft. Daß ein Mann Sie besitzen will, mißfällt Ihnen.
Sie selbst erheben keine Besitzansprüche, und wenn Sie sich
hingeben, erwarten Sie keine Bindung. In einer Partnerschaft gewähren Sie dem anderen manchmal mehr sexuelle
Freiheit als ihm lieb ist. Und offener, als ihm lieb ist, erzählen
Sie von eigenen Seitensprüngen. Die kommen allerdings
nur vor, wenn Sie sehr unzufrieden sind. Normalerweise
sind Sie gegen erotische Anfechtungen gefeit, weil der geistige Austausch Sie mehr interessiert. Im Bett sind Sie eher
hilfsbereit als ekstatisch. Denn die Kehrseite Ihrer Fried-
fertigkeit ist ein Mangel an Leidenschaft. Was Sie mit der
Zeit entdecken müssen und entdecken werden, ist Ihre
eigene Sinnlichkeit.

Wie Sie verführen, und wie Sie verführt werden wollen
Sie scheinen ständig frei zu sein. Sie blicken offen in die
Zukunft und weinen selten einem früheren Liebhaber nach.
Doch daß Sie viel und heftig flirten, weckt falsche Erwar-
tungen. Wenn Sie den Eindruck haben, ein Mann sei auf
Ihren Körper scharf, treten Sie flugs den Rückzug an. Er soll
Ihnen zunächst Kamerad oder Freund sein, dann können Sie
sich später auch hingeben. Es sei denn, er leidet ganz
schrecklich – etwa unter seiner Einsamkeit oder unter seiner
verständnislosen Frau. Dann lassen Sie sich schon mal etwas

früher erweichen. Und es gibt etliche ältere und verheiratete Männer, die Ihre Zuwendung nebst Verzicht auf Bindung ausnutzen. Mit Geld und Ruhm lassen Sie sich nicht herumkriegen. Unterdrückte und Außenseiter haben mehr Appeal. Doch nur selten locken Sie einen Mann ins Bett. Sie tun es eher ihm zuliebe.

Ihre Wünsche im Bett, Ihre Abneigungen

Sie brauchen ein langes Vorspiel. Mozart-Klänge, Vorhänge im Abendwind, schwebende Leichtigkeit gehören dazu. Sie wollen sanft gestreichelt werden und Ihren Liebhaber durch hauchzarte Berührungen – etwa mit den Wimpern – sacht in Erregung versetzen. Nie werden Sie von unstillbarem Verlangen und zügelloser Genußsucht hingerissen. Doch Sie sind phantasievoll und einfallsreich, probieren Neues aus und tun vieles, wenn nicht alles, um den Partner zu befriedigen. Falls er aus psychischen Gründen impotent war, wird er seine Kraft bei Ihnen wiederfinden. Wie keine andere gehen Sie auf seine Bedürfnisse ein. Es darf im Schwimmbad sein oder auf der Gartenbank, oral oder anal, und wenn er Ihnen gern seinen Samen ins Gesicht spritzt, werden Sie das ebenfalls zulassen und am Ende schön finden. Daß Sie vorurteilslos zu allem bereit sind, halten manche für Gleichgültigkeit. Unter uns gesagt: nicht ganz zu Unrecht.

Ihre sensiblen Zonen

Die erogenen Zonen Ihres Zeichens sind im Grunde gar keine: die Waden und Fußgelenke. Aber tatsächlich werden Sie dort gern gestreichelt oder zart gebissen. Und Sie mögen die Liebe im Stehen, wenn Sie mit den Füßen die Waden des Mannes umklammern können; das funktioniert am besten im Pool. Grundsätzlich aber ist Ihre ganze seidenweiche Haut ein einziges sexuelles Organ. Sanftes Pusten, leises

Hauchen dort, wo sie am zartesten ist, setzt Ihre farbenreichen Empfindungen in Bewegung. Sanft ist wichtig: Härte törnt Sie ab.

Ihre verborgenen Phantasien

Ihre verborgenen Phantasien schwirren vorüber, ohne daß Ihr Körper dabei sonderlich erregt wird. Sie kreisen um Gruppensex, um Partnertausch, um heitere Orgien. Erotisches und Geselligkeit gehören zusammen in Ihren Träumen. Auch brausen Sie gern als Cybergirl durch Zeit und Raum. Sie befreien Gefangene und geben sich ihnen hin, mehr aus Solidarität als aus Leidenschaft. Sie kämpfen mit unterdrückten Völkern oder den Aufbegehrenden einer interstellaren Revolution und verhelfen ihnen mit Liebesdiensten zu neuer Kraft. Sie sind die Geliebte wechselnder Sklaven beim Kampf gegen Rom oder bedrohter Indianer beim Kampf gegen Goldsucher. Und oft in Ihren Tagträumen treiben Sie es mit mehreren Liebhabern gleichzeitig; die eine oder andere Frau darf auch mal dabei sein. Gefühlsmäßig engagieren Sie sich in diesen Phantasien nicht. Es sind bunte Gedankenspiele.

Sie und Ihre Männer

Sie und der Widder-Mann

Er hat eine starke erotische Ausstrahlung auf Sie. Es gefällt Ihnen, wie eigensinnig und energisch er auftritt und daß er sich von niemandem dreinreden läßt. Allerdings auch nicht von Ihnen. Was den Sex betrifft, hätten Sie gern viel mehr Zärtlichkeit und Streicheleien. Doch er hat etwas Rücksichtsloses. Auch brauchen Sie etwas Geduld. Und davon hat er nun gar nichts. Ihre Zartheit ist wie ein Schleier, den er zerreißen will. Vom unbeschwerten, flirtigen Stadium, das Sie gern ewig verlängern würden, will er im Bett nichts wissen. Er nimmt Sie autoritär. Sie müssen streiten und sich durchsetzen oder gehen.

Sie und der Stier-Mann

Er wird unsicher: Liegt es an ihm, daß Sie Sex nicht wichtig nehmen? Ist er nicht gut genug? Treiben Sie es hinter seinem Rücken mit einem anderen? Noch nicht. Doch Sie möchten einen Partner, er eine Liebhaberin. Sie wollen im Bett seine Freundschaft, spüren aber nur seinen Trieb. Er findet Ihre Unberechenbarkeit anfangs erotisch, später anstrengend. Ihre Phantasien sind ihm zu abgehoben. Sie haben den Eindruck, er will immer nur das Eine. Und das auf immer dieselbe einfallslose Art. Nein, er ist Ihnen zu dumpf, zu laut, zu langweilig.

Sie und der Zwillinge-Mann

Heiter und leicht geht es im Schlafzimmer zu. Keiner setzt den anderen unter Druck, keiner bedrängt den anderen mit seiner Leidenschaft. Sie, die Willensstarke, übernehmen die Führung. Sie sind spielerisch, erfinderisch, zu Experimenten aufgelegt. Und er macht lachend mit. Er folgt Ihnen dankbar, denn Sie respektieren seine gelegentlichen Ausfälle und anti-sexuellen Launen. Weil Sie auf ihn eingehen, erlangt er unvermutete Potenz und Stabilität. Nur daß Sie nicht eifersüchtig sind, wenn er mit anderen flirtet, das stürzt ihn manchmal in Zweifel.

Sie und der Krebs-Mann

Zwar hat er ein Faible für Zärtlichkeiten, auch verlängert er kunstvoll das Vorspiel und zeigt sich als Meister der Langsamkeit. Aber am Ende geht er doch reichlich rüde zur

Sache. Daß Sie dabei nicht in Ekstase ausbrechen, wertet er als persönliche Zurückweisung. Nun will er es erst recht wissen und zerrt beharrlich an Ihnen herum. Sie vermissen das Lockere, Freiheitliche, die unverbindliche Freude an der Erregung. Seine Erotik hat etwas Schwüles und Klebriges. Er will Reizwäsche sehen und Pornos nachspielen. Das ist nicht Ihr Ding. Eine Affäre kann nur glücken, wenn Sie herrschen.

Sie und der Löwe-Mann
Sein Imponiergehabe erweckt Ihr Mitfühl. Rührend der Junge! Und wie er strahlt, wenn Sie ihn loben! Und doch hat er dabei etwas Wildes, eine naive Lust am Abenteuer. Impulsiv und temperamentvoll geht es los, aber bald droht ein Machtkampf. Der Chauvi verlangt, daß Sie seine fleischgewordene Potenz anbeten, am liebsten zentimeterweise. Doch Anbetung ist nicht Ihre Sache. Sie haben Lust auf hauchzarte Berührungen, auf eine Erotik aus Licht, Luft und Liebe. Er will mit voller Pranke hinlangen und zustoßen. Sie werfen ihm mangelnde Sensibilität vor. Aus verletzter Eitelkeit nennt er Sie frigide. Schade!

Sie und der Jungfrau-Mann
Sie sind beide interessiert und unternehmungslustig. Nur nicht im Bett. Da brauchen Sie einen sexuell aktiveren Partner. Und er eigentlich auch. Hier warten Sie auf seinen Impuls, er auf Ihren, und beides bleibt aus. Nur wenn er die Venus im Löwen hat, wird sich etwas bewegen. Und zwar in Richtung Sado-Maso. Dann möchte er von Ihnen gefesselt, womöglich sogar ein wenig gepeitscht werden. Aber wahrscheinlich beschränken Sie sich beide auf geistreiche Unterhaltungen über die Erotik, streicheln sich zärtlich ein wenig und schlummern ein. Eine sexuell überaus friedliche Beziehung.

Sie und der Waage-Mann

Seinen Hang zu närrischen erotischen Späßen, zu Farben, Faxen, Maskeraden, finden Sie lustig und anregend. Erleichtert registrieren Sie, daß er kein Sklave der Leidenschaft ist. Vielmehr ist er ein Spieler mit Hang zum Rollentausch, und wenn es Sie nicht stört, probiert er auch mal Ihre Dessous an. So als Hobby-Transvestit. Im übrigen tut er feinfühlig alles, um Sie zufriedenzustellen, und was immer Sie Neues ausprobieren möchten, macht er freundlich mit. Mit der Zeit wird seine Liebe immer platonischer. Stört aber nicht. Sie dürfen auch mal andere küssen. Seine Eifersucht ist gering.

Sie und der Skorpion-Mann

Ihr leichtfertiges Gelächter und Ihre tänzerische Bewegung haben es ihm angetan. Doch Ihre luftige Phantasie ist ihm fremd, ja sogar unheimlich. Er ist eifersüchtig, und Ihre Träumereien kann er nicht kontrollieren. Im Bett reagieren Sie dämpfend auf seine glühende Leidenschaft. Das steigert seine Aggressivität. Seine Neigung zum Sadismus bricht durch. Sie sollen, Sie müssen sich ihm unterwerfen! Er umklammert Sie, er geht hart mit Ihnen um. Sie beugen sich nicht. Vielmehr packen Sie Ihre Sachen und gehen zu einem Ihrer vielen Freunde. Ratlos, verzweifelt sieht er Ihnen nach.

Sie und der Schütze-Mann

Er ist problematisch und zwiespältig, manchmal ausgelassen, dann wieder düster, und das finden Sie interessant. Zwar tritt er als Verführer auf, doch Sie sind die Stärkere. Im Bett müssen Sie ihn zu Geduld anhalten. Sie kommen nämlich langsam auf Touren, während er leicht überdreht. Allerdings kann er es dank zartfühlender Fingerspitzen, heilender Hände und flinker Zunge zur Meisterschaft im Vorspiel bringen.

Sie fordern diese Meisterschaft. Und so gelangen Sie beide zu erstaunlichen Genüssen. Für Sie ist es die Entdeckung der Sinne, für ihn die Entdeckung der Langsamkeit.

Sie und der Steinbock-Mann

Seine Disziplin und Selbstkontrolle halten Sie für einen Mangel an Freiheit. Im Bett versuchen Sie, ihn zu erweichen. Doch bei ihm bleibt ein Vorbehalt, vielleicht ist es auch Angst. Jedenfalls gibt er sich nicht ganz und gar hin, und das stört. Sie können keinen Unfug mit ihm treiben. Können ihn nicht zu ungewohnten Späßen verleiten. Können ihm keine Flügel verleihen. Sein Sex bleibt irgendwie schwer. Ihm wiederum ist Ihr Benehmen zu ungebunden, zu leichtsinnig, zu freiheitsdurstig. Er versucht, Sie mit Härte zu binden, gar mit Moral. Das funktioniert nicht. Sie beide bleiben sich erotisch fremd.

Sie und der Wassermann

Tiefe Gefühle entstehen nicht zwischen Ihnen beiden. Vielleicht klappt es gerade deshalb im Bett so gut. Sie können sich gegenseitig leicht in Erregung versetzen, lassen mit Freuden die bürgerlichen Tabus hinter sich, erzählen sich Ihre kunterbuntesten Phantasien und probieren mit viel Hallo und Gelächter alle Stellungen, Techniken und Späße, die von den Meistern der Erotik je erdacht worden sind. Er ist fast so ausdauernd wie Sie. Nur ist er egozentrischer bei der eigenen Befriedigung und entschieden untreuer. Sie aber sind stärker. Die Beziehung ist in Ihrer Hand.

Sie und der Fische-Mann

Ihr Charme hat die Leichtigkeit, die ihm fehlt. Und Ihr glitzernder Appeal weht wie ein frischer Duft in seine morbide Gefühlswelt. Sein schillernder Blick, seine Abgründe können anfangs wie ein Sog auf Sie wirken. Doch bald fürchten Sie seine erotische Besessenheit. Sie wollen keinen Mann, der sexuell abhängig von Ihnen ist. Und seine masochistischen Züge möchten Sie weder verstehen noch unterstützen. Vielleicht kann er die Fesseln der düsteren Erotik abstreifen und Ihnen in die helleren Landschaften folgen. Wenn nicht, werden Sie sich kühl verabschieden. Er sieht Ihnen lange nach.

Sie sind eine Frau.
Sie haben Fische-Energie.

Was Ihnen angeboren ist, und was Sie lernen müssen

Sie können schlecht nein sagen. Mancher Mann verdankt diesem Umstand sein Abenteuer mit Ihnen. Auch glauben Sie, nur aus Liebe gehe ein Mann mit Ihnen ins Bett. Und so lassen Sie sich bis zur Hörigkeit ausnutzen. Immer wieder verfallen Sie schwierigen, ja aussichtslosen Typen: Drogies, Straffälligen, Alkoholikern und Männern auf dem besten Weg dorthin. Problemfälle üben eine magische Anziehungskraft auf Sie aus. Den Bedauernswerten und Mißverstandenen wollen Sie sich hingeben und aufopfern. In der Tat können Sie Männer trösten und ihnen die Angst nehmen. Vielen erscheinen Sie als Erlöserin, als tatkräftige Inkarnation der Weiblichkeit. Mit beherzten Gesten und sanften Worten wickeln Sie harte Kerle um den Finger. Über die Reaktion sind Sie oft entsetzt. Sie müssen lernen, Grenzen zu ziehen und Illusionen zu verabschieden. Dann werden Sie im Bett mehr Spaß und weniger Enttäuschungen erleben.

Wie Sie verführen, und wie Sie verführt werden wollen

Sie warten darauf, daß die Ereignisse Sie irgendwohin werfen und daß dann alles von selbst passiert. Es soll Ihnen gehen wie Schneewittchen oder sonst einer Märchenprinzessin, die mit Kinderaugen in die Welt starrt, bis der Prinz kommt. Sie wollen erobert werden. Sie selbst ergreifen nicht die Initiative. Sie werfen sich höchstens unbeschreiblich weiblich in Schale, machen große Augen und mimen pure Sanftmut. Sie zeigen also, daß Sie bereit sind. Aber den ersten – bitte behutsamen – Schritt muß der Mann tun. Die Verführung soll lange dauern. Kerzen und schimmernde Gläser gehören dazu, zerfließende Konturen im Dämmerlicht, Tücher, ein Kaminfeuer, davor Kissen oder ein Fell auf dem Boden. Alles soll ganz ohne Grobheiten, friedlich und in Zeitlupe vor sich gehen. Tückische Männer bieten Ihnen Alkohol an. Sie vertragen nicht viel und schmelzen widerstandslos dahin.

Ihre Wünsche im Bett, Ihre Abneigungen

Für Quickies sind Sie selten zu haben. Das Liebesspiel soll ein Fest sein. Sie brauchen es nicht täglich. Ein Fest, das mit erregenden Düften, verführerischer Wäsche, mit Flüssigkeiten beginnt – also im Bad oder auf dem Wasserbett und mit Champagner. Ein theatralisches Fest: Wenn Sie Ihre schauspielerische Begabung nicht unterdrücken, steuern Sie Schreie, Seufzer, Schauer der Erregung bei, die Ihren Liebhaber zum Äußersten treiben. Und das Äußerste erwarten Sie sich: Extremes, Exotisches, Verbotenes, Perverses zieht Sie an. Ihre masochistische Neigung läßt Sie bereitwillig zur Sklavin werden. Der Sieger darf Sie von hinten mißbrauchen. Sie lassen sich fesseln und knebeln. Sie möchten, daß Ihnen in einem Rausch Hören und Sehen vergehen. Nach dieser Art Sex können Sie gefährlich süchtig werden. Ihr Begehren ist am größten während der Menstruation.

Ihre sensiblen Zonen

Der Liebhaber, der Ihnen die Schuhe auszieht, Ihre Füße streichelt oder salbt, die Zehen küßt oder daran lutscht, ist auf dem richtigen Wege. Schon bei einem Fußbad kommen Sie auf sündige Gedanken. Denn die Füße sind Ihr empfindlichster Bereich. Kleine Bisse oder eine Massage hier erregen Sie. Und wie keine andere können Sie mit Ihren zarten Füßen einen Mann zum Orgasmus treiben. Im übrigen scheinen Ihre sensiblen Zonen zu wechseln: mit den Männern oder mit dem Mond.

Ihre verborgenen Phantasien

Eigentlich möchten Sie, daß Sex aus lauter Liebe und Frieden besteht. Sie stellen sich ein Zerschmelzen und Zerrinnen vor, machen Liebe auf einer Wolke und erreichen mit dem Geliebten einen symbiotischen Zustand. Oder Sie sehen sich mit ihm im warmen Sand am blauen Meer, am besten halb im Wasser, wo jede Ihrer Umarmungen von seichten Wellen überspielt wird. Das sind Ihre Phantasien mit der Tendenz zum Übersexuellen. Aber dann träumen Sie immer wieder erregt von härtesten Tatsachen: von gewalttätigen Männern, von rücksichtslosen Draufgängern, von Piraten, Zentauren, Wilderern, die Sie an sich reißen und nehmen. Ja, Sie möchten wilden Sex, manchmal mit einem ganzen Rudel von Kerlen, einer Gang von Dunkelmännern, die Sie knechten. Je friedvoller Sie sich im äußeren geben, desto mehr tendieren Ihre Phantasien ins Gegenteil.

Sie und Ihre Männer

Sie und der Widder-Mann

Sexuell kann er alle verborgenen Leidenschaften in Ihnen wecken und jede zum Äußersten treiben. Genau das ist auch die Gefahr: Jede Frau, die von einem Mann mit Widder-Energie geliebt wird, trägt Narben davon. Besonders Sie, denn Ihre masochistischen Neigungen werden von ihm bis zur Folter ausgenutzt. Die Zärtlichkeit kommt bei dieser brisanten Begegnung jedenfalls zu kurz. Es wird sehr laut im Schlafzimmer, und da Sie duldsam sind, sogar für längere

Zeit. Erst wenn er andere genauso sexy findet wie Sie, und das immer wieder, wird die Grenze Ihrer Toleranz erreicht und überschritten.

Sie und der Stier-Mann

Sie beide sind sinnlich und genießen die Erotik als Fest. Er kann die langsame Verführung inszenieren, die Sie sich wünschen: Mit duftendem Bad und lukullischem Mahl. Er liebt Ihre Begabung fürs Strippen, Ihre tänzerische Beweglichkeit, Ihre schlangenhafte Verführung. Oft fehlt ihm freilich die Geduld, wie ihm überhaupt Ihre allerfeinsten Regungen und Wünsche rätselhaft bleiben. Er ist glücklich, daß Sie seinen einfältigen Hang zum derben Stoßen verzeihen oder sogar schätzen. Und er ist ein dauerhaft leidenschaftlicher Partner für Tisch und Bett mit stabilisierender Wirkung auf Seele und Körper.

Sie und der Zwillinge-Mann

Daß er sich für Sie interessiert, verführt Sie. Wenn Sie reden, hört er zu und sagt sogar etwas Kluges. Sie können sich mit ihm unterhalten, mit ihm lachen und setzen schließlich beides im Bett fort. Ihre Hingabe bedeutet ihm nicht viel. Er probiert Sie einfach mal aus, er findet Ihr Seufzen, Stöhnen und Vergehen durchaus erregend, aber nicht für länger. Ihre sexuelle Erlebnistiefe stört ihn sogar. Er wollte doch nur mal mit Ihnen rummachen. Und nun sind Sie orgasmisch, als wollten Sie ihn als Mann fürs Leben. Er will aber noch mit anderen spielen.

Sie und der Krebs-Mann

Er ist ein fordernder Liebhaber und doch ein Romantiker, egozentrisch, und dennoch sensibel, drängend, und doch intuitiv begabt für das richtige Tempo. Kein Wunder, daß Sie schwach werden. Genau wie Sie haßt er die Forderungen des Tages. Sie verbringen also viel köstliche Zeit im Schlafzimmer. Sie beide sind nicht nur lüstern und erregbar, Sie zeigen es auch. Sie wollen im Rausch der Sinne vergehen und nehmen betäubende Flüssigkeiten und sadomasochistische Spiele zur Hilfe. Ja, Sie beide können süchtig werden nach Erotik. Stellen Sie den Wecker.

Sie und der Löwe-Mann

Daß Sie sich unterwerfen, findet er großartig. Er zieht eine glänzende Show ab. Anschließend aber hat er den Eindruck, daß Sie ein wenig enttäuscht sind. Stimmt. Sie möchten mit einem Liebhaber verschmelzen, nicht nur Objekt seiner selbstgefälligen Hobelei sein. Sie wollen nicht vorwärtsstürmende Rekordjagden, Sie erwarten Raffinement und Ideen-Reichtum. Und da ist er kein Meister. Sie reisen ins Reich Ihrer erotischen Phantasien, während er sich abkämpft. Er hat das Gefühl, Sie entziehen sich. Und das kann er nur schwer ertragen. Bye, bye, Löw'.

Sie und der Jungfrau-Mann

Erst kommt ihm Ihre Sinnlichkeit anziehend und geradezu exotisch vor. Im Bett befällt ihn dann die Furcht. Sie scheinen davontreiben zu wollen auf einer Welle schäumender Lust. Er kommt nicht recht hinterher mit seinen Schwimmübungen. In den Strudeln Ihrer Erlebnistiefe findet er keinen Boden. Und wenn Sie sich nicht mäßigen, erscheinen ihm Ihre erotischen Bedürfnisse überspannt und ungesund. Allerdings sind Sie eine Meisterin der Anpassung. Sie können sogar mit seiner Schonform der Erotik glücklich werden. Was sich vielleicht lohnt. Im Alltag nämlich finden Sie an ihm Halt und treue Fürsorge.

Sie und der Waage-Mann

Er ist ein Feinschmecker der Sinne, genau wie Sie. Er mag Ihren Hüftschwung, Ihre Reizwäsche, Ihre scheinbar willenlose Hingabe, Sie seine charmanten Lügen, seine delikaten Zärtlichkeiten mit leichtem Hang ins Abgedrehte. Daß er anzüglich wird, törnt Sie an. Sie sind eine Schauspielerin der Ekstase, er ein erotischer Entertainer, das schaukelt sich gegenseitig hoch. Die ganz große Leidenschaft ist es auf seiner Seite allerdings nicht. Und Sie vermissen mit der Zeit die energische Tatkraft. Tagsüber vor allem. Und das macht der Liebe auf Dauer den Garaus.

Sie und der Skorpion-Mann

Beim Blick in seine magischen Augen überläuft es Sie schon. Seiner Autorität geben Sie sich hin. Angesichts seiner Triebhaftigkeit fallen Sie beinahe in Ohnmacht vor Lust. Sie erschauern, als er die dunkle Seite seiner Sexualität zeigt, seine animalische Wildheit, die Besessenheit, den Sadismus. Sie setzen ihm keine Grenzen. Sie können auch mit den Fanatikern des Sex umgehen. Denn Ihre eigene erotische Kraft ist unendlich. Sie wollen die Kontrolle fahren lassen, wollen betäubt, berauscht werden, und all das ist hier möglich. Die Spannung bleibt.

Sie und der Schütze-Mann

Sie wollen sich ihm ausliefern. Vor allem seinen magischen Händen. Aber gerade haben Sie an der Schärfe seiner Fingernägel Gefallen gefunden, da läßt er schon ab von Ihnen. Sorry, er ist schon fertig. War es ein bißchen hastig? Naja. Oft will er sich eben nur abreagieren. Hinter Ihrer Hingabe jedoch verbirgt sich der Wunsch, begleitet, getragen, geleitet zu werden. Darauf läßt er sich im Bett für kurze Zeit ein, im Alltag nicht. Er vernachlässigt Sie gefühlsmäßig. Das verletzt Sie, doch Sie werden gern verletzt; und die Gefahr besteht, daß Sie ihm hörig werden. Sein Pulver reicht zum Glück nur für eine kurze Affäre.

Sie und der Steinbock-Mann
Am Anfang hält er Sie für weich. Sie ihn für hart. Doch nach und nach entdecken Sie, was für ein Chaos in ihm brodelt. Wie butterweich und empfindsam sein Inneres ist. Aber damit können Sie umgehen. Sie spüren, daß die Leidenschaft in ihm wohnt. Und er läßt sich zu erstaunlichen Feinheiten und Abnormitäten verführen. Mit Ihnen entdeckt er den Sex. Entdeckt er seine eigene Glut. Seine Potenz. Sie wiederum profitieren von seiner stetig wachsenden Energie. Sorgen Sie nur dafür, daß er sie nicht für Tagesaktivitäten aufspart. Dann funkt es immer wieder.

Sie und der Wassermann
Er hat ganz offensichtlich einen leichten Tick. Aber Sie haben ja was übrig für Verrückte. Und wenn er Sie mit seinem Charme umwirbt, können Sie kaum widerstehen. Im Bett freuen Sie sich über seine originellen Einfälle. Die sind selten von Sinnlichkeit oder Leidenschaft getragen, mehr von der Lust an Exotik, aber das reicht zunächst. Sie probieren die Liebe an merkwürdigen Orten, in abenteuerlichen Verrenkungen, unter Beteiligung dritter. Irgendwann stört Sie vielleicht, daß das alles nur der Zerstreuung, nicht der Liebe dient. Zögern Sie nicht, sich zu verabschieden. Er hat auch noch was anderes vor.

Sie und der Fische-Mann
Eigentlich sollten Sie ja seine Energie verstehen. Umso mehr erstaunt Sie, wie unsensibel er sein kann. Wie ichbezogen. Die Stabilität hält sich also in Grenzen. Es ist das Hin und

Her von Streit und Versöhnung, das den Sex in Gang hält. Mal sind Sie die Dominante und er spielt den Sklaven, mal regiert er erbarmungslos, fesselt und knebelt Sie, dann wieder wetteifern Sie in schmelzender Hingabe. Körperlich finden Sie zwischen Wollust und Schmerz immer wieder zueinander. Der Alltag wird mangels Verantwortung und klarer Ziele sicher ins Chaos gesteuert.

Sie sind ein Mann

Sie sind ein Mann.
Sie haben Widder-Energie.

Ja, Sie haben Energie. Männliche Energie. Die Energie des Abenteurers. Sie möchten der Macho aller Machos sein. Und keine Frau soll Sie zum Narren halten. Von allen Liebhabern im Sternenkreis haben Sie am wenigsten Geduld. Sie wollen nicht warten, bis Ihre Partnerin soweit ist, und gehen am liebsten rauh mit ihr um. Sie ziehen sie am Haar, zwicken und beißen an den empfindlichsten Stellen, Sie wollen kämpfen. Wenn Sie es nicht überhaupt bei einem Quickie belassen. Damit Ihre Leidenschaft nicht zur Tortur wird, müssen Sie erzogen werden. Am besten läßt sich das mit einem Lob Ihrer Männlichkeit erzielen. Sobald Sie sich da geschmeichelt fühlen, können Sie entspannen und auf überfallartige Kriegführung verzichten. Dann sind Sie ein glutvoller Liebhaber, der alles aufbietet, um seine Lady in Ekstase zu versetzen. Wegen notorischer Untreue sind Sie nur für kurze Abenteuer empfehlenswert.

Sie und Ihre Frauen

Sie und die Widder-Frau

Sie hat ein paar wunderbar weiche Seiten. Und kann genauso gut laut und garstig und rauh sein. Sie wehrt sich im Bett, Sie wollen sie zwingen. Sie ringen sie nieder, sie beißt, sie kratzt, sie kneift. Sie will genauso dominieren wie Sie. So heizen Sie sich gegenseitig hoch, bis der Orgasmus aus Ihnen hervorbricht wie die Erlösung sämtlicher weltweiten Spannungen. Leider hat sie kein Verständnis dafür, daß Sie aufstehen und weggehen, wann es Ihnen paßt. Sie will weitermachen. Sie hat noch Power. Weil Ihnen das gleichgültig ist, wirft sie Ihnen Egoismus vor. Na, denn. Die Nachbarn freuen sich, daß es vorbei ist.

Sie und die Stier-Frau

Diese Lady geht nicht ganz so schnell auf Ihre Wünsche ein, wie Sie das für richtig halten. Sie hat Appeal, Sie hat sexuelle Power, Sie hat eine fordernde Sinnlichkeit. Aber sie mag offenbar nicht gedrängt werden. Sie will nicht so mal eben zwischendurch. Sie will die langsame Eroberung. Für Impulsivität, Blitzsiege, kurze Gefechte hat sie nichts übrig. Und weil Sie nicht auf Ihr Tempo eingehen, behauptet sie, Sie könnten nicht genießen. Für ein Abenteuer, glaubt sie, sei sie zu schade. Sollen Sie sich länger auf sie einlassen? Erotisch würde es sich lohnen. Aber Sie müßten sich binden. Untreue verzeiht sie nicht.

Sie und die Zwillinge-Frau

Die Frechheit dieser Frau fordert Sie heraus. Sie hat einen kecken Blick und eine flinke Zunge. Beides verspricht schnelle, lustvolle Nächte. Ihre pochende Ungeduld findet sie witzig und schmeichelhaft. Ihre triebgelenkten Liebesbeteuerungen nimmt sie nicht ernst. Sie neckt Sie, sie spielt mit Ihnen und freut sich, wenn Sie dabei so richtig wild werden. Sie vergeht nicht vor lauter Leidenschaft, aber sie bekommt ihr Vergnügen. In Ihrer Leichtigkeit ist sie Ihnen überlegen. Und selbst in puncto Untreue steht sie Ihnen nicht nach. Dann viel Spaß!

Sie und die Krebs-Frau

Diese Frau ist scharfsinniger und herrischer als der erste Eindruck verspricht. Zunächst wirkt sie weich, verheißt seufzende Nächte und willenlose Hingabe. Doch das täuscht. Ihr Wille ist stark. Und nachdem sie anfangs geträumt hat, Sie seien der wilde leidenschaftliche Mann all ihrer Sehnsüchte, wacht sie sehr bald auf. Spätestens dann nämlich, wenn Sie sich widderhaft rauh und unnachgiebig holen, was Sie brauchen. Dann behauptet sie, Sie seien grob, aggressiv, verletzend, unsensibel. Und will eine Diskussion darüber. Schauder! Das sieht nach Komplikationen aus. Sie stehlen sich fort.

Sie und die Löwe-Frau

Sie tut ja ein bißchen pikiert, macht auf unnahbar und schwer zu kriegen. Aber Sie wissen solche Frauen zu nehmen. Und es dauert nicht lange, bis Sie beide im Bett sind. Und da wird Feuer gemacht. Sie sind nahe daran, die Kissen zu zerfetzen. Denn diese Katzenfrau spielt mit Ihnen. Sie weiß mit Ihrem Feuer, mit Ihrer Wut, Ihrer atemlosen Potenz umzugehen. Sie läßt Sie heran, drängt Sie wieder weg, kratzt Sie, streichelt Sie, lockt Sie, neckt Sie bis zur Schmerzgrenze. Und kurz bevor Sie daran gehen, das Bett kleinzuschlagen, unterwirft sie Sie und vernascht Sie nach Wildkatzen-Art. Heia, Safari!

Sie und die Jungfrau

Diese Frau hält Sie für dreist. Für ein bißchen unverschämt. Aber auch für ziemlich männlich. Kein Wunder! Sie wiederum finden sie angenehm widerspenstig. Sie hat ein loses Mundwerk, lacht über Sie und sagt nein, wenn Sie gerade besonders heiß sind. Diese Ironie, diese kühle Mißachtung reizt Sie. Und weil Sie ungern auf eine Eroberung verzichten, wenden Sie mehr Geduld auf als Sie haben. Endlich läßt Sie sie ran! Aber nanu? Wieso ist sie auf einmal so schweigsam? Machen Sie irgendwas falsch? Nein. Sie ist einfach nicht so sehr an Sex interessiert. Schade. Aber wieder was gelernt.

Sie und die Waage-Frau

Sie bewundert Ihre Impulsivität, lacht über Ihre Gags und lauscht mit glänzenden Augen Ihren Lügengeschichten. Sie ist wie eine holde Prinzessin, die Sie in einer kühnen Kletterpartie erobern und rauben müssen. Tun Sie das nur. Wenden Sie all die erotische Kunst, all die Potenz auf, über die Sie verfügen. Sie bleibt doch unerreichbar. Selbst wenn Sie sie ans Bett fesseln. Etwas Raffiniertes, Verwöhntes, Aristokratisches haftet ihr an, das Ihre Art geradlinigen Sex nicht goutiert. Ist sie so fein, oder tut sie nur so? Irgendwann geben Sie auf. Sie brauchen mehr Deutlichkeit, mehr Gegenkraft, mehr Widerstand.

Sie und die Skorpion-Frau

Die Augen dieser Frau schimmern verheißungsvoll. Doch es ist auch etwas Starres in ihnen, etwas, das Sie festhalten will. Eine Schlangenkraft. Sie sind fasziniert von der erotischen Ausstrahlung. Bei ihr, denken Sie, können Sie sich austoben. Sie wird mithalten. Das stimmt auch. Sie können ihr zusetzen, brauchen sich nicht zu zähmen, dürfen so rücksichtslos sein, wie Sie nun einmal sind. Sie hat etwas übrig dafür. Sie hat diese masochistische Ader. Doch auf die Dauer will sie noch mehr. Reden zum Beispiel. Über das endlos komplizierte Innenleben. Und das ist nicht Ihr Ding. Heftig die Affäre, heftig der Schluß.

Sie und die Schütze-Frau

Sie hat etwas Erfrischendes. Und auf subtile Art ist sie Ihnen auch ähnlich. Munter, spritzig, offen. Sie baut keine künstlichen Barrieren auf. Dennoch spielt sie mit Ihnen und genießt, wie Sie immer wilder werden. Laut und stürmisch brausen Sie endlich in ihr Schlafzimmer. Doch während Sie vor Leidenschaft schwitzen, lacht sie erheitert, und wenn Sie triumphal fertig sind, runzelt sie die Brauen: Das soll's schon gewesen sein? Ja, sie ist cooler als Sie. Aber lassen Sie sich auf ihr Spiel ein. Sie werden eine Menge Spaß haben in diesem bunten Mix von Feuer und Frische, von Witz und Pfeffer und Temperament.

Sie und die Steinbock-Frau

Teilen Sie Ihre Energie ein. Sparen Sie Ihre Potenz. Diese Frau hat Marathonkraft. Mit einem Quickie können Sie bei ihr nur durchfallen. Sie erlebt etliche Orgasmen nacheinander, und zwar in steter Steigerung, sofern jedenfalls der Mann dafür taugt. Hand aufs Herz und aufs Sexualchakra: Sind Sie dieser Mann? Na? Sie sind doch eher ein Meister der Blitzsiege als ein Spezialist für Slow Sex. Wenn Sie sich trotzdem darauf einlassen, wird nach einigen glutheißen und eiskalten Nächten ein Machtkampf folgen. Und gegen soviel Zähigkeit, Taktik und Schläue können Sie eigentlich nur unterliegen. Seien Sie klug.

Sie und die Wassermann-Frau

Sie sind eigensinnig und energisch. Sie lassen sich von niemandem in den Kram reden. Diese Dynamik beeindruckt die Wassermann-Frau. Allerdings: An der sexuellen Kraft, die dahintersteckt, ist sie gar nicht so sehr interessiert. Sie ist eine Frau mit Phantasie und Luftschlössern, eine Tänzerin der Leichtigkeit, eine Liebhaberin von Zärtlichkeit. Sie dagegen wollen sich mit Flitterkram und Traumgespinsten nicht lange aufhalten. Sie wollen ran und rein und wieder raus. Während diese Frau am liebsten ewig im Flirt bliebe. Sie paßt sich Ihnen an. Aus Liebe. Nicht aus Überzeugung.

Sie und die Fische-Frau

Diese Frau ist zugleich weich und energisch, nachgiebig und willensstark. Sie hat Leidenschaften, die nur leidenschaftliche Männer wecken können. Männer wie Sie. Sie hat geheime Schuldgefühle, die sie nur mit wenigen Männern sexuell ausleben kann. Mit Männern wie Ihnen. Sie liebt Spiele, die an die Schmerzgrenze gehen. Und als Mann mit Widder-Energie ist es für Sie das geringste Problem, jemand anderem Schmerzen zuzufügen. Hier ist die Frau, die Lust im Schmerz findet, sofern die Grenzen gewahrt bleiben. Eine Begegnung voll Sprengstoff, voll Kraft. Eine Gratwanderung.

Sie sind ein Mann.
Sie haben Stier-Energie.

Stürmisch und ungeduldig ist Ihr Temperament, taktisch und gewitzt können Sie es durchsetzen. Ihre Energie hat etwas Bodenständiges, Ihre Erotik ebenfalls. Sie sind kein Freund von Experimenten. Sie gehen nicht an die Grenzen. Sie wollen einfach nur Ihre Leidenschaft ausleben, möglichst in komfortabler Umgebung. Das Ambiente soll fein sein. Genüsse für alle Sinne gehören dazu. Sie essen und trinken, auch wenn Sie gerade nicht hungrig und durstig sind, und für Ihre Sexualität gilt das gleiche. Sie wollen immerzu kosten, schmecken, genießen. Sie stehen nicht wie andere Männer unter Beweiszwang. Dennoch müssen Sie im Bett oft gebremst werden. Sie sind nämlich eher robust als erfindungsreich; auf Ihr Feuer und Ihre Kraft ist Verlaß, nicht jedoch auf Ihr Raffinement. Mit ein paar Zuckerstückchen und gutem Zureden kann Ihnen eine Frau allerdings fast alles beibringen.

Sie und Ihre Frauen

Sie und die Widder-Frau

An diese Frau gewöhnen Sie sich nicht. Sie will immer was anderes, zumindest was anderes als Sie. Impulsiv nennt sie das. Sie will ins Bett, wann ihr danach ist. Nicht, wenn Ihnen danach ist. Sie wollen es gemütlich. Sie findet Gemütlichkeit öde. Sie wollen genußvolle Sinnlichkeit, sie möchte ringen und kämpfen. Wie wird es denn nun gemacht? So, wie sie will! Denn um der Liebe und des Friedens willen geben

Sie nach und machen mit, was diese Amazone gerade anzettelt. Einfaches Mitmachen aber reicht ihr auch wieder nicht. Sie will Kampf und Leidenschaft, keine Gutmütigkeit. Also, lassen Sie's.

Sie und die Stier-Frau

Das ist eine empfindsame, verletzliche Frau. Mit Ihrem robusten, manchmal etwas gefühlsarmen Sex kann sie weit weniger anfangen als Sie glauben. Sie rasen schnaubend auf das rote Tuch los. Diese Frau aber hat Sinn für erotische Umwege, für spannende Verführungskünste, für verfeinerte Sinnlichkeit. Sie erwartet Einfühlsamkeit, während Sie Ihre satte Ruppigkeit schon für die Krönung der Sensibilität halten. Sie beide können nette Abende haben. Aber im Bett wird sie eines Tages einen anderen entdecken. Und Sie mit Ihrer Eifersucht allein lassen.

Sie und die Zwillinge-Frau

Die Frau ist witzig. Die hat Appeal. Und weiß Sie zu nehmen. Sie genießen ihre Wendigkeit und ihren nonchalanten Leichtsinn im Bett. Aber in der dritten lustigen Nacht beschleicht Sie das Gefühl, Ihre Potenz werde nicht ganz ernstgenommen. Was der Wahrheit entspricht. Dieser Frau kommt es nicht so sehr auf Leidenschaft an. Sondern auf das flirtige Spiel. Auf Beweglichkeit. Einfallsreichtum. Maskeraden. Sie haben das Gefühl, sie entzieht sich. Ist nicht bei der Sache. Denkt womöglich an andere. Stimmt. Sie sind mal wieder auf eine notorisch Untreue hereingefallen.

Sie und die Krebs-Frau

Die Sensibilität, die Launen, die plötzlichen Rückzüge dieser Frau, werden Sie nie ganz entziffern. Aber das Rätsel reizt Sie. Zumal sie mit Bewunderung für Ihre Kraft und Stabilität nicht geizt. Sie steigen ihr nach. Sie streicheln diese weiche Haut. Sie lernen bald, daß Sie nach zartem Beginnen über sanftes Drängen und wachsenden Druck sich zu rasendem, tobendem Kampf steigern dürfen. Weil diese Frau viel härter im Nehmen ist als ihre Empfindlichkeit ahnen läßt. Ja, sie ist sogar stärker als Sie. Und sieht auf den Grund Ihrer Seele. Es erwartet Sie ein turbulentes, abwechslungsreiches, leidenschaftliches Lebensabenteuer.

Sie und die Löwe-Frau

Ja, die Frau ist faszinierend. Sie ist stolz. Die läßt sich nicht einfach so rumkriegen. Wie denn? Nur indem Sie sich ihr entziehen. Indem Sie sich zur Beute machen. Dann vielleicht greift sie nach Ihnen. Und packt Sie. Und läßt im Bett ihre Krallen spüren. Und ihren glutheißen Atem. Sie müssen stark sein. Sie ist nicht so leicht zufrieden. Sie müssen unten liegen. Sie wird nicht Ihre Dienerin sein. Sie müssen sich vor sie knien. Und sie in Worten und Taten verwöhnen. Sie ist so vital, so glutvoll, so animalisch wie Sie. Nur nicht so simpel gestrickt. Im Alltag müssen sich Ihre Nerven bewähren.

Sie und die Jungfrau

Unwahrscheinlich, daß diese Frau jemals so an Sex interessiert sein wird wie Sie. Ihr leidenschaftliches Stampfen ist ihr eher unheimlich. Sie erduldet es mehr als daß sie es genießt. Sie müssen sehr behutsam, sehr fürsorglich mit ihr umgehen. Es lohnt sich. Diese Frau gewinnt langsam Vertrauen. Aber sie steigert sich dabei. Sie wird immer lockerer. Läßt immer mehr zu. Sie kann richtig wild, richtig fordernd werden und hat dann an Sonderbarkeiten wie Fesselungen und gespielten Vergewaltigungen Spaß. Sie möchte regelmäßig versorgt werden. Für Sie kein Problem. Ihre Beharrlichkeit lohnt sich.

Sie und die Waage-Frau

Sie lieben den Sex geradlinig, unkompliziert, regelmäßig. Diese Dame von erotischem Adel hat es gern feiner. Brünstiges Drängen findet sie primitiv. Sie müssen ihr kultivierte Genüsse bieten. Ohne Schampus und kleine Geschenke läuft gar nichts. Und selbst wenn etwas läuft, spüren Sie immer, diese Frau will noch anderswohin. Die stellt Ihren Sexappeal derartig aus, die giert so nach Bewunderung, die kann gar nicht treu sein. Stimmt. Diese geheime Eifersucht steigert zwar Ihre Leidenschaft, es gibt herrliche Nächte, sie ächzt, sie seufzt, sie vergeht. Doch das Gefühl, Sie genügen ihr nicht, bleibt. Schade.

Sie und die Skorpion-Frau

Mit Ihrem Streben nach Freiheit und grünen Wiesen ist bei dieser Frau Schluß. Die umschlingt sie, fesselt sie, will Sie besitzen. Auch im Bett. Und das führt zu atemberaubenden nächtlichen Rasereien. Ekstase gibt es hier regelmäßig, von entrücktem Seufzen bis zu betäubenden Schreien. Sie merken es an den Blicken der Nachbarn im Treppenhaus: Diese Leidenschaft ist einmalig. Ist ein Jahrhundertereignis. Ist etwas, das Sie vielleicht mit keiner anderen Frau erleben können. Es gibt keine Grenzen. Nur eine Bedingung: Sie müssen loyal sein. Dann werden die Wunder kein Ende finden.

Sie und die Schütze-Frau

Ja, sie ist lustig. Begeisterungsfähig. Erfrischend frech. Sie malen sich Nächte voller Feuerwerk aus. Aber sie ist auch kapriziös, launisch, eigenwillig. Sie geht mit Ihnen ins Bett, weil sie gern mal was ausprobiert. Sie findet es witzig mit Ihnen. Mehr nicht. Mit Ihrem Drängen, mit Ihrer pochenden Leidenschaft hat sie nichts am Hut. Ihr ist Sex nicht so wichtig. Deshalb bleiben Sie der Unterlegene. Bleiben abhängig von der Gnade dieser Frau. Sie erleben betäubende Nächte, aber nur, weil Sie diese Lady so sehr begehren. Weil sie Sie abwehrt und bremst. Wenn Sie selbst auch mal bremsen, ist bereits Schluß.

Sie und die Steinbock-Frau

Die Disziplin, das Qualitätsbewußtsein, der leise Hochmut dieser Frau schüchtern Sie ein. Sie setzt deutliche Grenzen. Aber nur aus einem einzigen Grund: Weil in ihr das Chaos wohnt. Weil sie die eigene Leidenschaft fürchtet. Weil ihre Bereitschaft zur Hingabe hemmungslos ist. Es lohnt sich also, zu investieren. Sie haben die Ausdauer. Die Nächte können nur immer besser werden. Sie ist mit der Zeit zu allem bereit. Zu wüsten Spielen. Betäubenden Prüfungen. Zur Verwirklichung entlegener Phantasien. Nur ein wenig Gehorsam verlangt sie. Sie hat etwas Autoritäres. Und sind Sie nicht gern ihr Diener?

Sie und die Wassermann-Frau

Dieser Frau können Sie nichts befehlen. Das ist schon mal schlecht. Die will auch nicht ins Bett, wenn Sie wollen. Die hat eigene Zeiten. Und es ist fraglich, ob sie überhaupt mit Ihnen ins Bett will. Oder ob sie es mehr aus Gefälligkeit tut. Aus therapeutischen Gründen. Weil Sie so triebhaft sind und Ihre Energie abgebaut werden muß. Sie werden nicht schlau aus ihr. Sie ist sexy, ja, ist faszinierend, auch das, sie hat diese gewisse Unberechenbarkeit, die Ihnen schlaflose Nächte bereitet. Aber mehr als schlaflos werden diese Nächte nie sein. Belassen Sie es bei einer unterhaltsamen Freundschaft.

Sie und die Fische-Frau

Gut, daß Sie kein Tier mit Scharfblick sind. Sonst würden Sie merken, daß bei dieser Frau manches gespielt ist: Schreie, Seufzer, Schauer der Erregung. Sie macht gern nachts Theater. Sie steigert sich damit selbst zur Ekstase. Und Sie bekommen die Gewißheit, ein genialer Liebhaber zu sein. Zumal sie weder Extremes noch Exotisches scheut und Worte wie Verboten oder Pervers gar nicht kennt. Sie hat eine masochistische Neigung, die kommt Ihnen entgegen. Sie können alles und noch mehr tun, sie macht mit, und sie hat eigene Einfälle. Treu ist sie nicht. Zumindest nicht in der Phantasie. Zügeln Sie Ihre Eifersucht, dann sind leuchtende Tage und rauschhafte Nächte garantiert.

Sie sind ein Mann.
Sie haben Zwillinge-Energie.

Sie mögen es überall und mit vielen Frauen. Sie sind ein Überredungskünstler mit Blutsverwandtschaft zu Don Juan. Sie sagen der Auserkorenen, was sie hören will, und in dem Moment meinen Sie es sogar. Im Bett erwarten Sie Entertainment und Show. Es geht Ihnen mehr um die Befriedigung Ihrer Neugier als um die Befriedigung Ihrer Partnerin. Mehr um Witz als um Leidenschaft. Mehr um Feuerwerk als um Feuer. Sie stöhnen nicht und geraten nur in Ekstase, wenn alles auf Video aufgenommen wird. Sie mögen es taghell und mit einem Blick in den Spiegel. Denn Sie sind zugleich Schauspieler und Zuschauer. Die Vorstellung sexueller Aktivität erregt Sie mehr als die Aktivität selbst. Sie knabbern am Ohr und fahren mit Ihren Fingernägeln über den Rücken der Frau. Die Hauptsache erleben Sie schnell und wild; danach fragen Sie sich, ob die Sache den Aufwand überhaupt wert war.

Sie und Ihre Frauen

Sie und die Widder-Frau

Sie ist eigenwillig, fordernd, stolz. Das gefällt Ihnen. Sie sind neugierig und anpassungsfähig, es stört Sie nicht, wenn sie im Bett herrscht. Und das tut sie. Auf wilde, laute, animalische Art. Sie sind ja mehr ein Mann des Geistes, aber Sie genießen das Schauspiel. Sie sehen ihr zu, klatschen insgeheim Beifall und spielen mit ihr. Sie peitschen sie auf, gehen mit, bestrafen sie, bremsen sie, verweigern sich gar. Und das

putscht diese wilde Frau, das erhitzt sie bis zum Schmelz-
punkt, und dann ist sie Wachs in Ihren Händen. Okay, Sie
könnten auch andere haben. Aber so aufregend wie mit dieser wird es nicht so bald wieder.

Sie und die Stier-Frau

Wärme und Zärtlichkeit. Slow Sex. Wenn Sie die Wonnen
der Langsamkeit kennenlernen wollen, sind Sie richtig bei
dieser Frau. Sie kostet aus, leckt sich die Lippen, steigert sich
stufenweise, während Sie eher an schnelle Erledigung denken. Diese Hingabe, dieser heiße Atem, diese Heftigkeit
kommen Ihnen ein wenig übertrieben vor. Müssen Sie den
Torero mimen? Nein. Sie genießt Ihre Vielseitigkeit, Ihr Fingerspiel, ihre unbeschwerte Art. Sie fühlt sich von Ihrem Humor ermutigt, von Ihrem Spieltrieb beflügelt. Nur daß sie
die Leidenschaft vermißt. Während Ihnen die Sache zu eng
wird.

Sie und die Zwillinge-Frau

Sie können ja reden. Aber diese Frau ist noch besser. Und Sie
beide zusammen könnten ein rekordreifes Studio für Telefonsex eröffnen. Wollen Sie gar nicht? Dann erzählen Sie
wenigstens einander aufreizende Geschichten. Es gibt keine
zwei, die es genausogut können. Sie vermögen sich mit Worten zu steigern, durch Flüsterungen in Ekstase zu reden, und
auch sonst können Sie mit dem Mund einiges ausrichten. Es
gibt reichlich Spaß, an allen Orten, wo schneller Sex möglich ist. Also überall. Und vielleicht auch mit anderen. Denn
Sie beide wollen nichts verpassen. Weshalb Sie keine Treue-
prämie erhalten.

Sie und die Krebs-Frau

Vorsicht. Sie ist nicht so schüchtern, wie es scheint. Nicht so sanftmütig, wie sie tut. Nicht so leicht zu nehmen, wie Sie glauben. Nein, Sie ist heftig. Hat Krallen. Hat Wut im Bauch und zwischen den Beinen. Wollen Sie sich dem aussetzen? Wollen Sie nach einer lauten und anstrengenden Nacht beim Frühstück einem schmollenden Kind gegenübersitzen? Ohne zu wissen, was Sie falsch gemacht haben? Na, gut. Am Anfang wird es laut, lustig, luftig. Wenn Sie merken, daß die Schwermut einkehrt, können Sie ja abhauen. Den Vorwurf, daß Sie rücksichtslos und oberflächlich sind, werden Sie wohl verkraften.

Sie und die Löwe-Frau

Eigentlich sind Sie ihr ein bißchen zu leichtsinnig, ein bißchen zu windig. Aber sie lacht gern und hofft, daß es auch im Bett lustig mit Ihnen wird. Aber klar, wird es. Sie sind ein Entertainer, die Löwe-Frau eine Showbegabung, zusammen geben Sie filmreife Vorstellungen. Jeder spielt für den anderen, und weil Sie beide narzißtisch sind, spielt auch jeder für sich. Das gibt herrliche Scheingefechte, Rangeleien, Travestien. Sie nehmen es etwas lockerer als die Löwin. Dafür bringt sie Hitze und Leidenschaft ein. Vergessen Sie nur nie, daß sie die Königin ist. Betrügen Sie sie höchstens mit Kammerzofen.

Sie und die Jungfrau

Diese Frau ist scheu und empfindlich. Das finden Sie sexy. Sie hat Witz. Sie hat eine sportliche Ader. Das kann alles nichts schaden. Nur ist sie auch sparsam, wenn nicht gar geizig, auch, was den Sex betrifft. Ein bißchen herumspielen, es aber trotzdem ernst meinen, nicht zuviel fordern und trotzdem viel geben: Das müssen Sie, wenn Sie auf Dauer

127

Spaß haben wollen. Sie dürfen nicht so sein, wie Sie sind. Sie müssen sich Zügel anlegen, sonst zügelt sie Sie. Am besten also, Sie beide belassen es beim Flirt-Stadium. Solange das währt, ist alles gut. Was darüber hinausgeht, macht Ihnen beiden das Leben schwer.

Sie und die Waage-Frau

So, jetzt dürfen Sie endlich den Spiegel an die Decke hängen. Und die Videokamera mitlaufen lassen. Diese Frau stellt sich gern aus, und Sie betrachten sie gern. Wenn sie sich dreht, wenn sie sich auszieht, wenn sie beim Tanz einen Strip hinlegt – sie macht das alles so sexy und grazil. Und Sie, vielleicht nur Sie, können sie dazu überreden. Und noch zu mehr. Denn sie ist keineswegs so tugendhaft, wie sie tut. Sie hat einen Körper voller Leidenschaft. Doch wird sie dabei nie so fordernd, daß Ihnen die Potenz abhanden kommt. Sie ist anpassungsfähig. Flexibel. Biegsam eben. Eine lange, nuancenreiche, charmante Affäre.

Sie und die Skorpion-Frau

Hören Sie auf, gehen Sie weg, ziehen Sie um. Der erotischen Heftigkeit dieser Frau sind Sie nicht gewachsen. Wollen Sie auch gar nicht sein. Möchten Sie eine Frau, die Ihnen mit Schlangenarmen den Atem nimmt? Die Sie in den Nächten aussaugt, so daß Sie am Morgen als leere Hülle erwachen? Die Ihren liebsten Körperteil als Eigentum beansprucht? Das wollen Sie nicht. Aber anders geht es nicht mit ihr. Lassen Sie sich von den lustigen Scherzen nicht täuschen. Nicht vom vibrierenden Blick irritieren. Diese Frau will Sie ganz und gar, nicht nur mit Haut und Haar. Trotzdem? Bitte. Wir haben Sie gewarnt.

Sie und die Schütze-Frau

Diese Frau wirkt auf den ersten Blick unkompliziert. Doch das ist eine verhängnisvolle Täuschung. Zwar können Sie mit ihr ein lustvolles Techtelmechtel zwischendurch haben, im Urlaub, im eilig gemieteten Hotelzimmer oder in freier Wildbahn. Sie kann das, sie hat eine Begabung für Quickies. Aber im Grunde ihres Herzens will sie mehr, mehr Sinnlichkeit und vor allem mehr Liebe. Und sie ist schnell mit Vorwürfen bei der Hand, wenn Sie das tun, was Sie am besten können: abhauen. Bei allem Witz, allen Tricks, allen Taktiken, die sie auf Lager hat, will sie doch etwas ernster genommen werden.

Sie und die Steinbock-Frau

Sie sind ein Mann, der Schwierigkeiten meidet. Der sie zu umgehen versucht. Was also wollen Sie bei dieser Frau? Diese Frau zieht Schwierigkeiten an! Die verliebt sich in Probleme. Ja, sie selbst ist eine einzige Schwierigkeit. Warum? Weil sie sich so gern reibt. Weil sie an Widerstand wächst. Auch im Bett. So mal eben was auf die Kissen gelegt und dann wieder fernsehen, damit kommen Sie nicht durch. Sie müssen richtig was bieten und sich ins Zeug legen. Einen Versuch ist es wert. Weil sie im Bett soviel Temperament, soviel Glut, soviel Gier entwickelt. Das ist sehenswert, hörenswert, spürenswert. Und unvergeßlich.

Sie und die Wassermann-Frau

Sie ist weder eine Schnellstarterin noch eine Königin der Leidenschaft. Sex ist ihr grundsätzlich nicht so wichtig. Obwohl sie so sexy ist. Und obwohl sie so eine anregende Unruhe verbreitet, daß Ihre Phantasie in Turbulenzen gerät. Im Bett ist sie ruhiger, oft sogar schüchtern. Und da sind Sie ein willkommener Partner. Weil Sie Sex leicht nehmen. Weil Sie heiter sind. Weil Sie keinen Druck machen. Da gewinnt sie Mut und übernimmt sogar die Führung. Denn sie hat eine gute Intuition, gerade für Ihren Körper, und vermag es sogar, Ihre Potenz zu steigern. Bei ihr werden Sie ein richtig guter Liebhaber.

Sie und die Fische-Frau

Sie sind ein Luftikus und alles andere als zuverlässig. Genau das findet die Fische-Frau, die junge jedenfalls, interessant. Sie sind so untreu, daß eine Frau mit Intuition das sofort spürt. Diese Frau hat Intuition. Aber gerade Ihre Untreue findet sie verführerisch. Und dann interessieren Sie sich auch noch für sie. Selbst wenn es nur eine schnell verfliegende Neugier ist – sie findet diese Zuwendung betörend. Also ab ins Bett. Da ist sie erstaunlich stark. Stärker als Sie. Empfindungsreicher. Sie seufzt, stöhnt, vergeht vor Lust. Verströmt in Hingabe. Befremdlich. Sie wollten nur mal was Witziges. Sie ist Ihnen zu tiefsinnig.

Sie sind ein Mann.
Sie haben Krebs-Energie.

Sie sind ein wenig unsicher und sentimental. Sie brauchen Freundschaft und Zuspruch. Und Sie können beides geben: Sie können zuhören und kluge Ratschläge erteilen. Eine Frau betrachten Sie allerdings als Besitz. Im Bett glauben Sie, ihr etwas beibringen zu können; und sie tut gut daran, Ihnen diese Illusion zu lassen. Durch falsche Bemerkungen sind Sie leicht zu entmutigen – auch durch falsche Bewegungen. Sie mögen es zunächst einmal konventionell. Experimente dürfen später folgen. Sie sind sensibel und geduldig und achten auf Ihre Partnerin. Das Vorspiel beginnen Sie gern im Treppenhaus. Erst wenn die Erregung sich steigert, tragen Sie die Geliebte ins Bett. Dort erweisen Sie sich als Meister im Fingerspiel. Auch lieben Sie es, sich spanisch zwischen ihre Brüste zu schieben. Zum Geburtstag und zu Weihnachten schenken Sie ihr Reizwäsche. Es kommt vor, daß Sie die nachts selbst anprobieren.

Sie und Ihre Frauen

Sie und die Widder-Frau

Was für eine Frau! Herrisch, feurig und impulsiv! Eine Domina! Ihr Sexualzentrum vibriert. Sich das vorzustellen: diese Frau in schwarzem Leder! Ein betäubendes Ereignis! In Wahrheit eins, das nicht stattfindet. Denn sie ist anders, als sie sich gibt. Vor allem hat sie wenig Geduld mit Ihnen. Sie sind ja leider umständlich. Auch im Bett. Ein langes Vorspiel ist schön, aber wenn Sie sich in der Wäsche verheddern, statt sie zu zerfetzen, dann ist das nichts für diese Frau. Auch hat sie nichts übrig für Ihren Narzißmus. Die Frau sollen Sie befriedigen, nicht sich selbst. Geben Sie sich mit der Phantasie zufrieden.

Sie und die Stier-Frau

Endlich. Diese Frau liebt ihre Wärme, die schätzt ihre Einfühlsamkeit, die hat was übrig für den Slow Sex, dessen ungeschlagener Meister Sie sind. Sie werden sie dazu überreden können, das Licht anzulassen und die quadratischen Unterhosen gegen hochfeine Dessous auszutauschen. Sie mag den Sex und tut was dafür. Und tut auch was für Sie: Sie gleicht Ihre Launen aus, gibt Ihnen Stabilität und steigert Ihre natürliche ohnehin schon gewaltige Potenz. Sie mögen es oral? Kein Problem für die Frau mit Stier-Energie. Sie wollen es an anderen Orten? Hauptsache, Sie begehren sie. Und das tun Sie. Für lange Zeit.

Sie und die Zwillinge-Frau

Es bleibt unter uns: Sie sind Onanist. Keiner geht so sensibel mit Ihnen um wie Sie selbst. Dabei kann diese Frau jedoch eine unschätzbare Hilfe sein. Per Telefon. Sie versteht es, Sie mit Worten und Seufzern in den Himmel der Ekstase zu katapultieren. Währen Sie Hand anlegen. Sie macht ISDN-Sex mit Ihnen. Was den Vorteil hat, daß sie sich nicht ausziehen muß. Denn für zeitraubende Umstände hat sie nichts übrig. Weshalb sie auch keine Partnerin für Sie ist. Sie hat Charme, ja, hat eine zwitschernde Heiterkeit, auch wahr. Aber sie ist flinker und kühler als Sie und schießt Sie ganz schnell vom Himmel, wenn ihr danach ist.

Sie und die Krebs-Frau

Am Anfang verstehen Sie beide sich ohne Worte. Ganz instinktiv. Sie erfühlen, erspüren, erschnuppern einander, genießen die Wonnen der Langsamkeit und tauschen die zartesten Leckerbissen. Mit der Zeit ändert sich etwas. Weil Sie denken, alles läuft wie von selbst, schieben Sie sich narzißtisch und selbstvergessen Ihrem Orgasmus entgegen. Und wundern sich, daß diese Frau sich beschwert. Sie will auch mal sagen, wann was gemacht wird. Lassen Sie das zu? Schon kommt der nächste Streitpunkt: Sie sollen sie mehr unterstützen. Denn sie ist störungsanfällig, auch sexuell. Wollen Sie das auf sich nehmen? Na gut.

Sie und die Löwe-Frau

Ah, Scheinwerfer an, Lautsprecher aufgedreht, Bett aufs Podest. Hier ist die Frau für die nächtliche Bühne. Die Frau, die mithält mit Ihnen in puncto Egoismus, Lautstärke und Dominanz. Die auch mal die Peitsche schwingt, wenn Sie das möchten. Und Sie aalen sich in der Wärme ihres Herzens, unter der Sonne ihres Körpers. Sie haben nichts dagegen, unten zu liegen und ihr nach Art kleiner Kätzchen zu dienen. Sie gibt Ihnen Kraft. Allerdings nicht für immer. Sie hat Eitelkeiten und Ansprüche, denen Sie angeblich nicht genügen. Sie sind ihr zu kindlich, verlangen zu sehr nach der Mutter in ihr. Schade. War schön.

Sie und die Jungfrau

Sie hat einen ironischen Schnabel. Und ein empfindsames Herz. Sie will mit Respekt und Vorsicht erobert werden. Wer könnte das besser als Sie? Behutsam öffnen Sie die Tür, erst zu ihren Gefühlen, dann zu den Regionen ihrer Ekstase. Intuitiv spüren Sie, daß sie sich für irgendetwas schämt, daß sie Schuldgefühle hat, daß sie nicht loslassen kann. Kein Problem bei Ihnen. Langsam liften Sie sie auf die Ebenen der Selbstachtung, der Leichtigkeit und der Lust. Und auf einmal kann sie immer mehr, kann sie alles, erlebt sie mit voller Intensität und liebt – was sie sich sonst verbot – schamlos und animalisch. Herrliche Zeiten.

Sie und die Waage-Frau

Diese Frau ist raffinierter, schlauer, taktisch gewiefter als Sie. Während Sie sich für den Verführer halten, wickelt sie Sie um den Finger. Falls Sie will. Eigentlich sind Sie ihr nicht fein genug. Ihr Benehmen im Bett ist zu grob. Sie sind zwar zärtlich, aber im Ganzen doch plump und irgendwie unanständig, findet die Waage-Frau. Sie will mehr Komplimente, mehr Spielerei, mehr luftige Phantasien. Sie will verwöhnt werden. Und hat das Gefühl, nur Sexobjekt zu sein. Sie Geizkragen wollen ihr keine Spitzendessous, keine schimmernden Nachtgewänder, keine seidene Bettwäsche schenken? Dann sei die eigene Hand Ihr bester Freund.

Sie und die Skorpion-Frau

Einerseits sehnen Sie sich nach so einer Frau. Nach einem verschlingenden Vamp, einem leibhaftigen Verhängnis, einem sexuellen Urtier. Andererseits sind Sie ein Schlendrian, ein Flaneur, der seine Freiheit bewahren will. Und das, ahnen Sie, ist hier schwer möglich. Doch die ersten betäubenden Nächte rauben Ihnen jedes Freiheitsgefühl. Sie wollen nur noch hörig sein. So sehr schwingen zwischen Ihnen beiden die erotischen Ströme, so ekstatisch gebärdet sie sich, so erlösend sind Ihre Orgasmen. Willig ergeben Sie sich dieser vibrierenden Schlange von einer Frau. Und gehorchen.

Sie und die Schütze-Frau

Wer ist dieses freche Stück? Dieses freimütige Weibsbild? Ist sie im Bett auch so dreist? Das müssen Sie herausfinden. Sie weiß zu genießen und zugleich zu necken. Sie kann sich hingeben und zugleich die Herrscherin sein. Sie mag es, wie Sie mit ihren Fingern umgehen, wie Sie streicheln, massieren, ihr leichte Hiebe versetzen. Sie spielt gern, und sie spielt gut. Besonders Orgasmen kann sie gut vortäuschen. Doch als intuitiv begabter Mann merken Sie das. Und es stört Sie. Die Frau scheint Sie nicht ganz ernst zu nehmen. Stimmt. Deshalb flirtet sie auch mit anderen. Und denkt sogar an andere im Bett. Beleidigend!

Sie und die Steinbock-Frau

Andern erscheint diese Frau kühl. Sie sehen tiefer. Sie erkennen das Bedürfnis nach Zärtlichkeit. Spüren die Wärme. Die schlummernde vulkanische Glut. Und gehen daran, sie zu wecken. Die Hinhaltetaktik der Frau schreckt Sie nicht. Sie haben Geduld. Der Widerstand stachelt Sie an. Sie sind zäh. Und wahrhaftig, es lohnt sich. Alles ist möglich in diesen Nächten: harter, direkter Sex und verschlungene Spiele, Peitschenhiebe und traumweiche Kuscheleien. Eines nur kann das Abenteuer belasten. Diese Frau will herrschen. Bei ihr werden Sie der Herr vielleicht im Bett, aber niemals im Hause sein. Wollen Sie das?

Sie und die Wassermann-Frau

Okay, diese Frau hat Charme. Hat flirrenden, verwirrenden Sexappeal. Hat eine Beweglichkeit, die Sie gern nachts erleben würden. Aber sie hat auch etwas gegen Männer, die den Chauvi im Herzen tragen. Und so einer sind Sie. Sie sind autoritär. Diese Frau ist eine Rebellin gegen Autorität. Im Bett können diese Widersprüche zu ungeheuren Spannungen und explosiven Erlösungen führen. Doch ist es wahrscheinlicher, daß sie Ihnen das Bett verbietet, wenn Sie die Spannungen nicht mit ihr ausdiskutieren. Haben Sie dazu Lust? Doch wohl eher nicht. Also sparen Sie sich die Energie.

Sie und die Fische-Frau

Ihren Wankelmut, Ihre Launen, Ihre polternde Herzlichkeit und Ihren schmollenden Rückzug: All das versteht die Fische-Frau. Aber haben Sie sie auch verdient? Ja, haben Sie. Weil Sie warmherzig und feinsinnig sind, weil Sie bei allen Machoallüren doch mit unvergleichlicher Einfühlsamkeit auf sie achten. Lüsterne, rauschhafte Nächte beginnen. Ihre Phantasien beginnen zu leben. All die sadomasochistischen Spiele, von denen Sie bislang nur gelesen haben, hier sind sie ohne schwülen Beigeschmack möglich. Denkbar, daß Sie süchtig werden. Die Anlage zur Sexsucht haben Sie ja. Hier ist die Droge.

Sie sind ein Mann.
Sie haben Löwe-Energie.

Sie sind ein warmherziger Angeber. Ihrer, erzählen Sie, sei der Größte. Sie glauben, alle Frauen müßten sich dankbar entkleiden, wenn Sie von Ihren Künsten erzählen. Ihr Hunger ist groß und soll ohne Aufschub gestillt werden. Notfalls geben Sie auch Geld aus dafür. Denn Sex gehört zu Ihren Grundnahrungsmitteln. Vorsichtige Annäherung und Behutsamkeit gehören nicht in Ihr Repertoire. Frauen, die sich Ihnen anbetend unterwerfen, sind willkommen. Mit Vorspielen mögen Sie sich nicht aufhalten, überhaupt nicht mit den Bedürfnissen der Partnerin. Sie soll Ihnen auch keine Ratschläge geben. Sie brauchen nichts als die Missionarsposition zum Glücklichsein. Nie werden Sie sich zu Cunnilingus demütigen lassen. Wie ein Olympionike stürmen Sie da oben dem Ziel zu. Die Partnerin soll nur pausenlos durch Seufzen und Schreien zeigen, wie großartig sie Sie findet. Sie wollen siegen.

Sie und Ihre Frauen

Sie und die Widder-Frau
Diese Frau nimmt Sie mit Humor. Sie mag Ihre Fähigkeit, albern zu sein und über sich selbst zu lachen. Sie bewundert Sie sogar ein bißchen, und das stimuliert Sie zu großartigen Leistungen. Sie glauben zwar, wenn Sie selbst einen Orgasmus haben, hat die Frau gleich auch einen vor lauter Glück. Macht nichts, die Widder-Frau erstreitet sich ihr Recht. Sie kämpft und brüllt sogar besser als Sie. Erotische Raffinessen

gehen unter im Tumult der Nächte. Statt dessen gibt es sexuelle Urkraft und echte Leidenschaft. Ihren Hang zu Affären gleicht diese Frau selbstbewußt aus. Damit müssen Sie leben.

Sie und die Stier-Frau

Ihre Großspurigkeit findet die Stier-Frau überflüssig. Aber auch sympathisch, weil sie den kleinen Jungen dahinter sieht. So spielt sie mit Ihnen, genießt Ihren Großmut und Ihre Wärme. Und weil sie geschickt ist, werden Sie bei ihr zu einem Meister der Zärtlichkeiten und der sanften Erkundungen. Wenn sie dann seufzt und sich scheinbar willenlos unterwirft, erreichen Sie abenteuerliche Highs. Schade nur, daß sie eifersüchtig ist. Daß sie klammert. Sie haben manchmal das Gefühl, Sie müßten sie abschütteln. Und sie tun es. Das findet sie grob. Und Ihre Eskapaden nennt sie peinlich. Na, denn.

Sie und die Zwillinge-Frau

Sie ist munterer, leichtsinniger, beweglicher als Sie. Sie haben immer das Gefühl, Sie müßten sie festbinden. Tun Sie das ruhig. Sie nimmt Ihr Chauvi-Bewußtsein nicht übel. Sie lacht darüber. Sie genießt es sogar. Sie neckt Sie und führt Sie an der Nase herum. Sie reizt, sie foppt, sie schärft. Um sich Ihrem Sturm dann wie eine geraubte Braut hinzugeben. Immer aufs neue haben Sie das Gefühl, Sieger und Triumphator zu sein. Das spornt an, das baut auf. Kann schon sein, daß diese Frau nicht die Inkarnation der Leidenschaft ist. Das sind schließlich Sie. Aber sie bläst in Ihr Feuer. Sie facht es an. Es lodert hoch.

Sie und die Krebs-Frau

Die eigentümlichen Schwankungen dieser Frau werden Sie frohgemut ignorieren. Über ihre Launen bügeln Sie großzügig hinweg. Auch im Bett. Und seltsam, das geht sogar gut. Die Krebs-Frau entdeckt so ihre eigene innere Stärke. Entdeckt ihr Selbstbewußtsein. Und das zahlt sich sexuell aus. Sie traut sich bei Ihnen mehr Leidenschaft zu, mehr Lautstärke, sogar Exzesse. Und Sie, der Sie das ausgelöst haben, gelangen zu herrschaftlichen Ekstasen. Sie dürfen dominieren, dürfen peinigen, dürfen alles tun, was Sie immer schon tun wollten. Bis der Kampf um die Macht ausbricht. Der allerdings wird hart.

Sie und die Löwe-Frau

Sie tut ein bißchen fein. Dabei tobt in ihrem Sexualchakra die gleiche urtümliche Leidenschaft. Die Passion der Raubtiere. Doch gerade weil sie sich stolz gibt, wird der Steppenbrand umso gewaltiger ausbrechen. Nur immer rein in die Flammen. Sie beide sind egoistisch genug, sich vom anderen alles und noch mehr zu holen. Großzügig genug, dem anderen beinahe alles zu gönnen. Sie reizen einander, ringen, lecken, necken, fauchen und erreichen jene animalische Intensität, nach der alle im Tierkreis sich sehnen. Es sei denn, Sie haben eine allzu stolze Löwin. Hinter deren Hochmut steckt Scham. Soll sie sich schämen.

Sie und die Jungfrau

Diese Frau werden Sie nie wirklich verstehen. Aber das muß vielleicht auch nicht sein. Zuerst ist sie keß. Sie lächelt so verführerisch, daß Ihnen warm wird. Und wehrt dann so pikiert ab, daß Ihnen heiß wird. Sie müssen sie haben. Aber was für Umstände! Telefonate, schwierige Verabredungen, Hinhalten. Und schließlich und endlich will sie, daß Sie zuerst duschen. Und dann das Licht ausmachen. Und sie am besten gar nicht anfassen. Oder jedenfalls nur ganz vorsichtig berühren. Und alles ganz langsam machen. Und leise. Sie selbst ist überhaupt nicht zu hören. Und das soll Sex sein? Na ja. Jedenfalls nicht Ihre Art.

Sie und die Waage-Frau

Kerzen, Seide, Glitzerspiegel. Ein Bett vom Designer, Wäsche von der Haute Couture: Diese Frau weiß zu genießen. Sonst hätte Sie ja auch nicht zu Ihnen gegriffen. Sie ist verliebt in den eigenen Körper, dann wird sie auch Ihren schätzen. Sie ist geschmeidig, bewegt sich tänzerisch leicht. Und sie hat diesen Hüftschwung, in dessen Zentrum Sie wollen. Und Sie dürfen. Mit erhobenem Stolz. Sie machen ihr Komplimente, sie gibt sie zurück. Sie seufzt anbetend, streichelt, sie spielt mit Ihnen. Sie ist nicht so feurig wie Sie, dafür raffinierter. Sie ist eine Taktikerin. Weshalb Sie auch nie wissen, wie es weitergeht.

Sie und die Skorpion-Frau

Diese Frau hat Charisma. Hat erotische Ausstrahlung. Doch es ist noch etwas dabei, das Ihnen nicht behagt. Sie hat diesen Röntgenblick. Sie scheint sie zu durchschauen. Sie stellt unangenehme Fragen. Und das schon, bevor Sie ins Bett fallen. Dort vergehen Ihnen die Sinne. Sie dominiert. Sie werden auf ihr nicht als strahlender Sieger durchs Ziel reiten. Sie werden unterliegen. Sie können sich ihren Schenkeln, ihrem Rhythmus nicht entziehen. Können der Kraft ihrer Küsse nicht widerstehen. Sie sind ein Spieler. Für diese Frau aber ist Sex eine Sache auf Leben und Tod. Kompromißlos. Verzehrend. Beängstigend stark.

Sie und die Schütze-Frau

Das ist eine angenehme Spielgefährtin. Sie flachst, sie frot-
zelt, verspottet Sie. Um sich dann schmeichelnd anzu-
schmiegen. Sie hält Sie zum Narren, läßt Sie ganz nahe und
beinahe hereinkommen, dann schiebt sie Sie weg. Sie hat
genau die Art Folter drauf, die Katzen wie Sie zur Weißglut
bringt. Und wenn Sie richtig glühen, dann hält sie ein
Streichholz dran. Und läßt Sie endlich gewähren. Sie merken gar nicht, wie sie lenkt, wie sie steuert, wie sie in Wahrheit die Herrscherin ist. Muß ja auch nicht sein. Sie schafft
es, Ihre Egozentrik für sich auszunutzen. So ist Ihnen beiden
gedient. Das Feuer bleibt.

Sie und die Steinbock-Frau

Diese Lady ist qualitätsbewußt. Das kann Ihnen nur recht
sein. Aber sie spielt auch die Coole. Und das ist zermürbend.
Sie ist eine Prüferin. Ihre Löwenshow können Sie gleich im
Koffer lassen. Sie will sehen, was dahinter steckt. Meinen Sie
es ernst? Meinen Sie sie als Person? Oder wollen Sie nur ein
Abenteuer einsacken? Solche überflüssigen Gedanken macht
sie sich. Und solange sie denkt, kommen Sie nicht weit. Wollen Sie sich zerfleischen beim Werben um diese Frau? Wollen Sie sich demütigen lassen? Okay, das kann mal ganz
schön sein. So vor Schmerz zu heulen. Aber wohl nicht für
längere Zeit.

Sie und die Wassermann-Frau

Diese Frau ist zu vielem fähig und zu allem bereit. Doch aus
purem Eigensinn stellt sie Bedingungen. Sie will zum Beispiel, daß Sie auch auf ihre Bedürfnisse eingehen. Sie mag es
nicht, daß Sie einfach so über sie drübergehen. Sie verlangt
Einfühlung, Rücksicht und Zärtlichkeit. Na gut, im Prinzip
können Sie das alles liefern. Aber muß man darüber disku-

tieren? Muß man nicht. Aber sie redet so gern. Auch im Bett. Vorher und anschließend. Sie will mehr Anmut, mehr Feinheit, mehr Phantasie. Wo Sie doch eigentlich nur das Eine wollen. Sie fängt an, Sie zu therapieren. Nein, danke, das wird jetzt zu kompliziert.

Sie und die Fische-Frau

Ah, das ist eine nachgiebige, eine unterwürfige, eine gehorsame Frau. Auf den ersten Blick jedenfalls. Und auf den zweiten Blick läßt sie sich sogar demütigen. Ausnutzen. Im Bett unterwerfen. Ja, sie hat sogar ein Faible für Fessel-Spiele, für die seltsamen Varianten des World Wide Sex, die griechisch, serbisch und indisch heißen. Sie zieht überdies in Erwägung, einen zweiten Mann dazu zu bitten. Und spätestens da werden Sie hellhörig. Will diese Frau etwa mehr als Sie bieten können? Ja, das will sie. Sie ist zwar in der Lage sich anzupassen. Sie kommt auch mit Ihnen zurecht. Aber eigentlich will sie mehr. Unverschämtheit.

Sie sind ein Mann.
Sie haben Jungfrau-Energie.

Sie werden nicht den ersten Schritt tun. Sie müssen überredet werden. Zur ersten Nacht bringen Sie den Wecker mit, damit Sie am Morgen pünktlich zur Arbeit gehen können. Ihr Vorspiel wirkt studiert. Sie wissen, wie der weibliche Körper funktioniert. Sie haben es gelesen und halten sich an die Empfehlungen. Das wirkt zwar nicht besonders sinnlich, aber mit ein wenig Übung bringen Sie es zu bemerkenswerter Kunstfertigkeit. Vor allem achten Sie auf die Reaktionen der Geliebten. Sie werden sie nicht drängen, überrumpeln oder gar gewalttätig werden. Es sei denn, Sie möchte das. Sie opfern sich auf, um sie zu befriedigen. Zwar reichen Ihnen konventionelle Techniken, aber Sie tun auch alles andere, wenn Sie merken, daß es ihr gefällt. Nur Pflichtbewußtsein hält über längere Zeit Ihr erotisches Temperament in Gang. Dann erlischt es, und Sie ziehen sich zurück in die bequeme Rolle des Voyeurs.

Sie und Ihre Frauen

Sie und die Widder-Frau
Es gibt ja immer wieder Frauen, die sich schlecht benehmen. Dies ist eine davon. Aber Sie haben etwas übrig für ihre Frechheiten. Für ihre ungeschminkt egoistische Art. Sie finden sie sexy. Im Bett genießen Sie ihr Temperament. Sie reagiert wild auf Ihre Berührungen. Wirft sich hin und her. Ist laut. Und all das bewirken Sie. Das läßt Sie mutiger werden. Sie fühlen sich potent mit ihr. Erst nach einiger Zeit gewin-

nen Sie den Eindruck, Sie könnten Zeit und Kraft auch noch für andere Dinge gebrauchen. Und gehen auf Abstand. Sie hat es geahnt.

Sie und die Stier-Frau
Sie erkennen gleich, was diese Frau an Sinnlichkeit aufbieten kann. Erkennen es am leuchtenden Blick. An den entschlossenen Bewegungen. Am Schimmer der Haut. An der Aura, deren erotischer Strahlkraft Sie sich nicht entziehen können. Sie werden den ersten Schritt tun müssen, auch noch den zweiten, von da an übernimmt diese Frau die Führung. Sie überlassen sich ihr. Sie hat eine wunderbare körperliche Intuition. Sie baut gewaltige Spannungen auf. Und erlöst Sie von allem Bösen. Ihrer Leidenschaft setzen Sie Kunstfertigkeit und frivole Ideen entgegen. Das kann sich bestens ergänzen.

Sie und die Zwillinge-Frau
Daß diese Frau so frech redet, finden Sie scharf. Die versetzt Ihnen mit Worten immer wieder prickelnde Hiebe. Kleine Peitschenschläge, unter denen Sie sich wohlig winden. Sie möchten das im Bett fortsetzen. Und wirklich geht es da kribblig und spritzig und witzig zu. Sie können Erziehungsspiele mit ihr spielen. Der Lehrer mit der ungebärdigen Schülerin. Oder der pubertierende Jüngling mit der strengen Gouvernante. Sie hat Spaß daran. Weil sie überall und auf jede Art Sex machen kann. Wenn Sie allerdings anfangen, sie ganz im Ernst zu erziehen und im Bett den Alltag einkehren lassen, haut sie ab.

Sie und die Krebs-Frau
Mal laut und vital, dann schüchtern und tränenreich: Dieses wetterwendische Wesen möchten Sie gern mal auf Ihrem

Futon erleben. Und das lohnt sich. Die Frau mit Krebs-Energie ist weich und anschmiegsam. Ihre Bewegungen scheinen zu fließen. Sie umschlingt Sie wie eine Wasserpflanze. Wie eine Nixe, von der Sie sich in die Fluten ziehen lassen, um in Lust zu ertrinken. Sie ist im Bett zweifellos mehr zu Hause als Sie. Sie können nur von ihr lernen. Und das tun Sie mit Genuß. Daß Sie auch mal schmollt und von Sex nichts mehr wissen will, halten Sie locker aus. Sie drängeln nicht. Sie kommen auch so ans Ziel.

Sie und die Löwe-Frau

Sie wenden einiges auf, um eine Frau zufriedenzustellen. Dieses Wesen folgt den Impulsen des Körpers. Sie sind noch im Bett trickreich und klug. Diese Frau will sich einfach nur ausleben. Sie staunen über die Fröhlichkeit, mit der sie sich im Bett räkelt. Als gebe es beim Sex nichts zu bedenken. Sie wundern sich, daß sie immer noch weitermachen will, egal wie spät es ist. Sie kommt Ihnen vor wie eine Verschwenderin. Doch ihre körperlichen Ressourcen scheinen auch unerschöpflich. Sie müssen einen Tantrakurs besuchen oder Samenzurückhaltung erlernen, wenn Sie diese Frau voll auskosten wollen.

Sie und die Jungfrau

Eine exzellente Kombination. Zum Arbeiten, Wandern, Haushalten. Für intellektuelle Diskussionen. Wenn Sie im Bett miteinander Spaß haben wollen, müssen Sie über die Schatten Ihrer Seelen springen. Sie beide haben geheime Ängste. Unausgesprochene Schuldgefühle. Die können Sie so schnell nicht klären. Aber Sie können sie erotisch veredeln. Indem Sie im Bett andere Rollen einnehmen. Indem Sie etwas inszenieren. Indem Sie sich spielend herausfordern und bestrafen. Als Beichtvater und sündige Nonne. Als strenger Lehrer und ungenierte Schülerin. Zu abgedreht? Okay. Es gibt auch Liebe ohne Sex.

Sie und die Waage-Frau

Vielleicht kommt Ihnen diese Frau ohnehin zu unentschieden und gleichgültig vor. Vielleicht aber sehen Sie gerade darin ein lockendes Geheimnis. In jedem Fall wird es im Bett keine Sensationen geben. Die Frau mit Waage-Appeal stellt sich aus, will bewundert werden, will Komplimente. Sie möchte bei aller Erregung nicht in Schweiß geraten und will noch beim Orgasmus eine elegante Figur machen. Arbeiten, schwitzen, sich abmühen sollen Sie. Und Sie sind sogar bereit dazu. Wenden Kunstgriffe an, probieren Raffiniertes, versuchen sich an Variationen. Doch kein Funke springt über. Frieden sei mit ihr.

Sie und die Skorpion-Frau

Andere Männer fühlen sich von dieser Frau vereinnahmt und verschlungen. Sie nicht. Sie sind so verankert in Ihrer Vernunft, daß Ihnen die archaische Sexualkraft der Schlangenfrau keine Furcht einjagt. Im Gegenteil. Sie beruhigen die tiefen skorpionischen Ängste. Und als gelehrigster Student der Erotik können Sie nicht nur allerlei erregende Schachzüge aufbieten. Sie können sich auch anpassen. Können das Quantum Schmerz beisteuern, das sie zu genießen scheint. Die Prise Sadismus aufbieten, die sie aufseufzen läßt. Und Sie werden erleben, daß das Sextier in Ihrem inneren Käfig ausbricht und Feuer speit.

Sie und die Schütze-Frau

Am Anfang haben Sie beide Spaß. Denn Sie beide übertreiben die Leidenschaft nicht. Sie machen Witze im Bett. Sehen die Sache sportlich. Nach einiger Zeit aber kehrt allzuviel Ruhe ein. Sie ziehen sich zurück. Eben weil diese Frau den Sex auch nicht so wichtig nimmt. Weil sie nichts Forderndes hat. Aber nun fühlt sie sich vernachlässigt. Sie braucht wenigstens Zärtlichkeit und wärmende Zuwendung. Was sie nicht braucht, sind Ihre guten Ratschläge, wie sie ein bißchen ruhiger werden kann. Eigentlich sind Sie ein gutes Paar. Für Reisen, für Forschungen, für den Alltag. Nicht für die Nacht. Ein Paar fürs Alter.

Sie und die Steinbock-Frau

Hier haben Sie eine Frau, die so klug ist wie Sie. Deren Selbstdisziplin ein wenig unheimlich ist. Und die im Bett leider irgendwie hemmend wirkt. Sie werden nicht locker bei ihr. Sie scheint aufzupassen. Scheint Sie zu prüfen. Trösten Sie sich: Ihr geht es genauso mit Ihnen. Sie fühlt sich beobachtet. Mit gutem Grund. Also: Um Sinnlichkeit, Rausch, Ekstasen zu erleben, müssen Sie beide erstmal Ihren Verstand unter den Tisch trinken. Dann geht's. Im übrigen läuft alles gut, was ein Rausch nur behindern würde, zum Beispiel die Ehe. Zum Kindermachen köpfen Sie dann einfach eine Flasche und ex und hopp.

Sie und die Wassermann-Frau

Sie sind kein Krieger. Und diese Frau liebt den Frieden. Hört sich gut an. Aber wie können Sie Liebe schaffen ohne Waffen? Zumindest ohne Ihre Waffe? Sie brauchen Reibung, brauchen Zündfunken, brauchen Feuer unter dem Hintern. Da die Wasserfrau eine gute Intuition hat, wird sie vielleicht dafür sorgen. Doch bleibt dabei etwas Schauspielerisches. Sex zwischen Ihnen hat immer was von Theater. Jeder macht dem anderen was vor. Immerhin, da Sie beide neugierig sind, wechseln die Vorstellungen. Meist sind es Komödien, luftig, lustig, kitzlig. Und wenn nicht im Bett, sind Sie sonst ein kreatives Team.

Sie und die Fische-Frau

Hier kommt es darauf an, was Sie riskieren wollen. Sich hinzugeben, Erlerntes zu vergessen, Gewohnheiten fahren zu lassen: Das ist riskant. Der Frau aus dem Meer fällt es leicht. Sie können es lernen. Und können bei ihr alles aus sich herausholen, was Sie sonst niemandem zeigen. All Ihre sonderbaren sexuellen Wünsche, Ihre geheimgehaltenen Bedürfnisse, Ihre sadomasochistischen Ideen. Sie akzeptiert es. Sie nimmt Sie an, als der sinnliche Chaot, der Sie im innersten sind. Wenn Sie also die Kontrolle aufgeben, wird es wunderbar. Wenn nicht, wird die Fische-Sinnlichkeit Sie einschüchtern. Dann müssen Sie fliehen.

Sie sind ein Mann.
Sie haben Waage-Energie.

Sie sind ein sensibler Genießer. Und Sie haben Ausdauer. Sie gehen langsam und geduldig vor und lassen sich und Ihrer Geliebten Zeit. Sie sind Feinschmecker. Sie darf entspannen und genießen, während Sie sie behutsam mit Zunge, Lippen, Fingerspitzen liebkosen. Sie braucht Ihnen nur durch leises Seufzen anzuzeigen, wo es ihr am besten gefällt. Wie kaum ein anderer sind Sie bemüht, ihr einen Orgasmus zu verschaffen. Und Sie gehen mit: Was Ihre Bettgefährtin erregt, erregt auch Sie selbst. Sie mögen es, wenn sie Sie mit Farben bemalt. Oder wenn sie sich verkleidet und eine Maske aufsetzt. Das ist die mildeste Art, Ihrem Hang zur Untreue gerecht zu werden. Ihrer Neigung, im Schmerz Lust zu finden, folgen Sie auf dezente Weise. Oft stecken Sie in einer Dreier-Beziehung, und manchmal ist Ihr anderer Partner ein Mann. Sie legen gern selbst Hand bei sich an, am liebsten, wenn Ihre Geliebte zusieht; zur Not darf es auch der Spiegel sein.

Sie und Ihre Frauen

Sie und die Widder-Frau

Diese rassige Frau ist ein Spiegel. Ein Spiegel all der tollwütigen, mutigen Züge, die Sie gewöhnlich nicht zeigen. Sie bringt Ihre Männlichkeit zum Vorschein. Entdeckt den Abenteurer in Ihnen. Die Nächte sind stürmisch, anarchisch und ausschweifend. Sie liefern sich aus, machen mit, sind Jäger und Opfer, Tierbändiger und Tier. Am Tag überlegen

Sie, ob Sie diese Turbulenzen auf Dauer wollen. Schließlich sind Sie auch Feingeist. Harmoniefreund. Ästhet. Sie haben einen Sinn für Nuancen. Diese Frau nicht. Es ist schwer, etwas zu tun, was sie nicht will.

Sie und die Stier-Frau

Sie beide sind sinnlich auf die etwas edlere Art. Sie sind kreativ, auch beim Sex, sind phantasievoll, gerade im Bett. Und Sie haben bei alledem noch Geschmack. Selbst wenn es animalisch zugeht – und die Kombination ist durchaus geeignet dafür – hat das Treiben immer noch etwas Kunstvolles. Man könnte es zwecks Wiederverwendung filmen, was Ihnen ganz recht wäre. An Ihren Hang zum Exhibitionismus müssen Sie die Stier-Frau vielleicht erst gewöhnen. Sie ist zunächst mehr fürs Handfeste. Aber weil Sie innerlich glüht und gierig ist, geht sie in alle Richtungen mit, in die Sie sich verirren. Und überall ist es schön.

Sie und die Zwillinge-Frau

Sie ist ja etwas redselig. Aber Sie haben Humor und Geduld. Und ihre vorlauten Frechheiten finden Sie sogar sexy. Sie hat eine verführerisch kokette Art, der Sie nur nachzugeben brauchen. Schon befinden Sie sich in einer munteren Sex-Show. Sie hat genau die spielfreudigen Finger, die Ihre Haut braucht. Genau die Lebendigkeit, die Sie in Atem hält. Und Sie hat den Humor, der Sex zu einer leichten Komödie macht. Okay, Ihre tiefsten Leidenschaften werden vielleicht nicht dabei aufgerührt. Sie geraten in keinen betäubenden Rausch. Dafür sind Sie am nächsten Morgen auch nie verkatert.

Sie und die Krebs-Frau

Sie hat etwas Kindliches. So einen Charme, als sei sie ganz unerfahren. Und Sie ergreift das prickelnde Gefühl, hier Sex mit einer Minderjährigen zu machen. Dabei ist sie alles andere als unbedarft. Sie räkelt sich so lüstern im Bett, sie packt und führt Sie so unnachahmlich, daß Sie den Eindruck bekommen, mit einer ausgekochten Sünderin zu schlafen. Und genau dieser Gegensatz – die Unschuld und das Triebhafte – haben eine magische Wirkung auf Sie. Bei Nacht. Bei Tag merken Sie, daß diese Frau Sie beherrscht. Unter anderem mittels ihrer Launen. Sind die Nächte diese Anstrengung wert? Eine Weile auf jeden Fall.

Sie und die Löwe-Frau

Sie ist anspruchsvoll, jedoch auf großzügige Art. Willensstark, aber auf warmherzige Weise. Beinahe eine Frau fürs Leben. Im Bett ist sie nicht so auf Raffinement aus wie Sie. Sie hat auch weniger übrig für starke und harte Varianten. Die wundersame Verkettung von Lust und Schmerz leuchtet ihr nicht ein. Aber Sie können Ihr nahelegen, was Ihnen gefällt. Sie lernt gern, macht vieles mit und wird am Ende noch Champion in der erotischen Disziplin, die eigentlich Sie erfunden haben. Sie wirkt Wunder für Ihr Körpergefühl, Ihr Selbstbewußtsein, Ihre Potenz. Eine schöne Kombination aus Zärtlichkeit und Kraft.

Sie und die Jungfrau

Sie können gut miteinander flirten. Sie selbst aus Freude am Spiel. Und diese scheinbare Jungfrau, weil Sie eine Meisterin des Hinhaltens ist. Sie hat die besten Mittel, um sie aufzureizen, hochzuheizen, scharfzumachen. Mit dem Einlösen der Versprechen hat sie es nicht so eilig. Vielleicht, weil sie im Bett undurchschaubare Ängste hegt. Irgendwie ist sie blockiert. Nicht total. Aber sie läßt sich nicht so gehen, wie Sie es gern hätten. Mit der Zeit wird es besser. Sie traut sich mehr. Kann richtig ungestüm werden. Aber werden Sie ihr diese Zeit geben?

Sie und die Waage-Frau

Sie wissen ja, was diese Frau braucht: Zuspruch, Lob, Komplimente. Genau wie Sie. Sie wissen ja, wie sie Sex macht: mit leichter Hand, lässig beinahe, ein wenig schauspielernd und mit schmelzenden Seufzern. Genau wie Sie. Sie läßt sich gern ausziehen, läßt sich gern ansehen, läßt sich verwöhnen. Genau wie Sie. Und da beginnt das Problem. Wer muß arbeiten, wer darf genießen? Immer abwechselnd? Nein, Sie müssen mehr tun in dieser Beziehung. Sie müssen aktiv werden. Müssen Ihre wohlige Bequemlichkeit überwinden. Falls Sie dieser Lady was Gutes tun wollen. Aber vermutlich wollen Sie das gar nicht.

Sie und die Skorpion-Frau

Ausstrahlung hat sie ja. Aber dazu einen entscheidenden Nachteil. Sie nimmt das Leben zu ernst. Selbst ein flitterndes Schauspiel wie Sex bekommt mit ihr tiefe Bedeutung. Aus leichten Phantasien werden schwere Träume. Samtige Wünsche verwandelt sie zu rauher Wirklichkeit. Ihr sexuelles Bedürfnis hat verzehrende Kraft. Ihre Umarmungen nehmen den Atem. Schön, daß alles mit ihr möglich ist. Daß sie jede Peinigung erträgt oder sogar genießt. Daß sie Foltern, Fesseln, Fingernägel duldet oder sogar braucht. Doch auf Dauer zählt sie zu jenen Anstrengungen, um die man das Leben nicht unbedingt vermehren muß.

Sie und die Schütze-Frau

Sie hat genau das Maß an Aktivität, das einem feinen Mann bekommt. Sogar noch nach dem Essen. Sie ist ein bißchen wie Champagner. Schäumend, feinperlig, anregend. Ohne zu betäuben. Eine Nacht mit ihr ist wie ein kleiner Schwips. Angenehm und leicht. Sie stillt den Hunger auf Süßes und verdirbt nicht den Appetit. Nur daß sie manchmal etwas unduldsam ist. Und nicht ganz so rücksichtsvoll wie Sie. Und daß sie so ein bißchen schlampig bleibt. Und weniger diplomatisch redet als Sie. Das kann im Bett schon mal stören. Und bei Tag sogar auf die Nerven gehen. Doch insgesamt: erfrischend, die Frau.

Sie und die Steinbock-Frau

Sie haben gar nichts dagegen, daß diese Frau sagen will, wo es langgeht. Das erspart langwierige Entscheidungsprozesse. Aber daß sie auch im Bett Befehle ausgibt, das finden Sie zumindest merkwürdig. Sie meldet Ansprüche an. Stellt Forderungen. Sie weiß genau, was Sie will. Und sie weiß sogar genau, was Sie wollen. Was Ihnen gut täte. Das schränkt die spielerische Seite des Sex doch erheblich ein. Und wenn sie nicht bekommt, was sie will, kann sie so unmißverständlich schlechtgelaunt reagieren, daß Ihnen die Potenz fürs erste vergeht. Angeblich kann sie ja sehr gut allein leben. Dann soll sie mal.

Sie und die Wassermann-Frau

Die Frau ist zäh, aber auch lustig. Starrsinnig, doch auch voll Neugier. Sie ist erfinderisch und anregend im Bett. Aufregend vielleicht nicht. Sie mißt dem Sex keine große Bedeutung bei. Das erleichtert das Experimentieren. Sie muß nicht dreimal hintereinander befriedigt werden. Sie findet auch Zärteleien und Flüsterworte sehr schön. Das ist entlastend.

Sie ist egozentrisch, das nehmen Sie nicht übel. Also machen Sie beide bei Tag und bei Nacht lustige Kinderspiele und Maskeraden, bemalen sich, begatten sich, malträtieren einander und peinigen sich, aber immer mit Laune, immer mit Lust und Musik. Viel Spaß.

Sie und die Fische-Frau

Delikatessen, Gourmet-Food, Schleckerbissen! Diese Frau mit dem Appeal aus Träumerei und Willensstärke läßt sich Ihren Sex auf der Zunge zergehen. Mit schlafwandlerischer Intuition berührt sie Ihren Körper, streichelt ihn wie ein lauer Wind oder packt ihn wie eine Böe. Sie ist abwechslungsreich, theatralisch, nachgiebig, energievoll. Sie hat keine Scheu vor abgelegenen Orten und ungewöhnlichen Zeiten. Sie setzt dem Sex keine Grenzen. Allerdings erwartet sie von Ihnen etwas mehr Klarheit. Mehr Entschiedenheit. Vielleicht nicht so sehr im Bett. Tagsüber aber. Sie sollen Kämpferqualitäten zeigen. Wollen Sie das?

Sie sind ein Mann.
Sie haben Skorpion-Energie.

Sie sind der Ansicht, daß Frauen vergewaltigt werden wollen. Sie drängen, Sie treiben, Sie sind besessen von der eigenen Triebhaftigkeit. Sie fallen über eine Frau her, küssen rauh und wild, beißen und saugen, kneifen sie an empfindlichen Stellen, und wenn sie Schmerzenslaute von sich gibt, fühlen Sie sich bestätigt und ermuntert. Sie akzeptieren keine Durchschnittlichkeit, keine Tabus, keine Prüderie. Sie muß sofort bereit sein, und falls sie es nicht ist, haben Sie leider keine Zeit, darauf Rücksicht zu nehmen. Schließlich erwarten Sie auch keine Rücksicht. Eigene Schmerzen – etwa vom Kratzen ihrer Fingernägel – steigern nur Ihre Lust. Sie soll sich unterwerfen, aber es macht Ihnen Spaß, wenn sie sich vorher heftig wehrt. Sie mögen es auf dem Tisch. Auf dem Fußboden. Im Schwimmbad, wenn Sie den nassen Körper der Geliebten an die Fliesen pressen. Es muß weh tun. Sie sind Sadist.

Sie und Ihre Frauen

Sie und die Widder-Frau

Es wird laut, kriegerisch und teuer. Sie zerfetzen gemeinsam Bettwäsche, demolieren Gläser und Möbel, beleidigen Nachbarn. Jeder von Ihnen ist mit sexueller Energie und Angriffslust gesegnet. Sie überbieten einander an Egozentrik. Jeder holt sich, was er braucht, mag der andere auch auf dem Boden winseln. So gelangen Sie mühelos in jenes Paradies, wo Lust und Schmerz ineinander fließen. Nur daß die

Widder-Frau das alles instinktiv betreibt – während Sie gelegentlich in die Abgründe des Denkens stürzen. Dann erscheint sie Ihnen zu oberflächlich. Vielleicht doch nur eine Affäre.

Sie und die Stier-Frau

Sie ist zu allem bereit. Wenn Sie sie nicht überfallen. Sie braucht etwas Zeit. Sie orientiert sich an Gewohnheiten und Konventionen. Deshalb hält sie manches für abnorm und pervers, was in Wahrheit richtig Spaß macht. Doch wenn Sie ihr signalisieren, daß es erlaubt ist, oder wenn Sie ihr einreden, daß es aus Liebe geschieht, dann ist alles möglich und noch mehr. Denn diese Frau ist nicht einfach nur warmherzig. Sie hat heißes Blut. Und ihr sexueller Bedarf ist erheblich größer, als ihr gesittetes Benehmen vermuten läßt. Übrigens läßt sie sich bei Tag wenig reinreden. Da können Sie beide sich richtig schön fetzen.

Sie und die Zwillinge-Frau

Unter den vielen Blumen, die diese Biene besucht, sind Sie das seltenste Exemplar. Ein Nachtschattengewächs. Eine Giftpflanze. Sie betrachtet Sie mit Neugier und Befremden, macht sich lustig und fürchtet sich zugleich. Sie sind ebenfalls irritiert. Sie ist sexy. Aber kaum greifbar. Gibt sich leichtsinnig hin. Und entwindet sich sofort Ihrem Zugriff. Sie macht Sex auf die schwebende, unkomplizierte Art. Das ist erquickend wie ein Energy Drink. Doch kommen Sie sich neben ihr schwermütig vor. Sie möchten sie festhalten. Sie aber summt weiter und flirtet mit anderen in unbegreiflicher Heiterkeit.

Sie und die Krebs-Frau

Tun Sie erst mal so, als seien Sie nicht ruppig. Dann haben Sie viel von dieser Frau. Sie ist empfindlich. Sie hat zarte Haut. Sie liebt die Sanftheit. Jedenfalls zu Beginn. Sie müssen bei ihr all die Künste der Zärtlichkeit aufwenden, die die Meister der Erotik ersonnen haben. Und dann könnte es sogar sein, daß sie gar nicht mehr will. Daß sie einfach zerfließen möchte unter der Magie Ihrer Hände. Statt den Widerstand zu bieten, den Sie sich wünschen. Doch mit der Zeit wird sie immer triebhafter, immer wilder, denn sie hat eine unverwüstliche Energie, und am Ende sind Sie womöglich der Bremser. Gute Aussichten.

Sie und die Löwe-Frau

Die Attitüde dieser Frau ist herausfordernd. Die gibt sich so, als wenn nichts sie kratzen könnte. Sie aber wollen kratzen und können kratzen. Und die Katzenfrau spürt das. Und wird neugierig. Sie ist eine leidenschaftliche Spielerin. Sie erscheinen ihr als Gefährte mit prickelndem Risiko. Im Bett räkelt sie sich unter Ihrer Heftigkeit wie unter der Urlaubssonne. Ihre Gier verbucht sie als Kompliment. Sie ringt animalisch mit Ihnen, leckt und schleckt, ist wild und lebendig. Aber sie gehört Ihnen nie ganz. Sie scheint gefeit gegen Ihre Kraft. Sie kann jederzeit aufhören und weggehen. Und tut es auch mal. Das schmerzt.

Sie und die Jungfrau

Hier haben Sie eine Meisterin. Eine, die Sie hinhält, bis Sie sich die Hose herunterreißen. Und die Sie dann auslacht. Trotz all der Pracht. Eine, die cool und mit strahlendem Lächeln über Ihre abgründige Leidenschaft hinwegstolziert. Die sich im Griff hat. Sie analysiert Sie, während Sie vor lauter Triebkraft scharren und dampfen. Doch die Stunde des

Meisters, Ihre Stunde, wird kommen. Sie sind der Mann, der die vergrabene Sinnlichkeit dieser Lady zum Vorschein bringen kann. Behutsam. Vorsichtig. Aber mit untrüglichem Gespür. Übrigens: Sie hat eine sadomasochistische Ader. Ist das nicht vielversprechend?

Sie und die Waage-Frau

Sie ist ein Vamp, Sie sind Vampir. Sie zieht Männer an. Sie ziehen Frauen aus. Sie liebt die schöne Oberfläche. Sie wollen in die Tiefe dringen. Sie sehen die Tiefe bei ihr. Sehen die goldgefaßte Leidenschaft, die Triebhaftigkeit unter den guten Manieren, die Bissigkeit hinter der lächelnden Scheu. Ja, diese Frau hat Abgründe. Und Sie wollen ran an die Abgründe. Wollen sie schreien hören, ihre Fingernägel spüren, wollen sie in Ekstase vergehen sehen. Das wird möglich, aber nur kurz. Sie hat mehr Spaß daran, vielen zu gefallen, als einem hörig zu sein. Und Sie können nicht einer von vielen sein.

Sie und die Skorpion-Frau

Wo hat diese Frau nur die Egozentrik her? Wieso glaubt sie, alles müsse sich um sie drehen? Sie vor allem habe ein Recht auf Liebe, Geld und Aufmerksamkeit? Sie sei das Opfer, die andern die Täter? Woher das kommt? Na, vom süßen Sternbild Skorpion! Also steigen Sie gleich ein in die verschlingende Selbstsucht. Bieten Sie Paroli. Gehen Sie mit ihr an die Extreme. Kämpfen Sie. Seien Sie laut und gewalttätig. Opferlamm und Folterknecht. Nehmen Sie sich, was Ihnen nicht gehört. Sie macht es genauso. Und dann Schluß. Wir wohnen nebenan und wollen schlafen. Und Sie würden einander zugrunderichten.

Sie und die Schütze-Frau

Eines kann sie gar nicht leiden: daß Sie bestimmen wollen. Sie hat was gegen autoritäre Männer. Gegen Machos von der fanatischen Sorte. Genau diese Aufmüpfigkeit finden Sie reizvoll. Sie streiten gern. Und mit dieser Frau streitet es sich gut. Sie spüren gern Widerstand. Und sie leistet den. Sie möchten das auch im Bett erleben. Aber da ist sie gar nicht so leidenschaftlich. Da will sie nicht kämpfen. Da hat sie etwas Duldsames. Als wenn Ihre wilde Urkraft ihr lästig wäre. Tatsächlich liebt sie es munter und unbeschwert. Triebtäter von Ihrem Schlag sind ihr unheimlich. Sie läßt sich das nur für kurze Zeit bieten.

Sie und die Steinbock-Frau

Diese Dame gibt sich eisern. Aber Sie durchschauen sofort, daß darunter das Chaos der Gefühle bebt. Daß in ihrem Inneren eine Leidenschaft brodelt, vor deren Ausbruch sie selbst am meisten Angst hat. Sie haben keine Angst, nicht vor Leidenschaften. Sie ziehen sie magisch an. Und diese Frau spürt, daß sie bei Ihnen darf, was sie sich selbst kaum erlaubt. Daß sie die Kraft ihrer Wut und die Wucht ihrer Triebe austoben kann. Anfangs ist sie noch mißtrauisch. Dann geht es machtvoll zur Sache. Immer mehr und schließlich alles ist möglich. Sie bremst ab und zu, aber bei Ihrem Fahrstil ist das auch nötig.

Sie und die Wassermann-Frau

Sie ist geistreich, streitbar, phantasievoll und so eigensinnig wie Sie selbst. Im Bett ist sie unkompliziert, freizügig und ohne Tabus. Fragt sich nur, ob Sie sie dahin bekommen. Denn auch wenn Sie charmant und freundlich tun, spürt sie Ihren Machtwillen und Ihren Besitzanspruch. Dem wird sie sich nie unterordnen. Auch beim Sex wird sich das zeigen.

Sie versuchen, sie zu unterwerfen, zu zwingen, mit Glut die Kühle zu schmelzen. Sie erreichen sie nicht. Sie ist da und doch woanders. Selbst in Ihrer Umklammerung bleibt sie frei. Es ist, als hätte sie ihren Orgasmus ohne Ihre Beteiligung. Das macht keinen Spaß.

Sie und die Fische-Frau

Sie haben hypnotische Augen. Sie hat den tiefen Blick. Sie ist eine Magierin. Und sie erkennt den Magier in Ihnen. Sie können zusammen im Zauberreich der Erotik versinken. Ihre Leidenschaft steigert sie durch die Bereitschaft, alles zu geben und alles zu nehmen. Sie ist voller Lust, voller Hingabe, voller ekstatischer Träume. Und sie hat eine masochistische Seite. Sie läßt sich ausnutzen. Sie spielt gern das Opfer. Das muß man Ihnen nicht zweimal sagen. Ihrer Wildheit werden hier keine Fesseln angelegt. Ihrer fanatische Triebhaftigkeit öffnen sich Reiche, in denen es keine Grenzen gibt. Da können Sie bleiben.

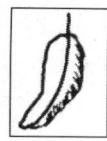

Sie sind ein Mann.
Sie haben Schütze-Energie.

Sie sind ein Spieler. Aufgeschlossen, neugierig, unzuverlässig. Im Leben wie im Bett. Das große erotische Erdbeben werden Sie nicht produzieren, aber Sie haben viel Spaß. Die Intensität des Erlebens ist Ihnen nicht wichtig. Sie sind einfach gern auf der Jagd, und Flirt und Verführung bedeuten Ihnen mehr als die eigentliche Sache. Zu der kommen Sie oft gar nicht. Ejaculatio praecox ist Ihr Markenzeichen, und eine Frau muß vorsichtig mit Ihnen umgehen, wenn sie auch etwas davon haben will. Weil Sie Spaß am Herumprobieren haben, lassen Sie sich auf die meisten ihrer Wünsche ein. Die sollte sie freimütig äußern. Sie können zum Beispiel gut mit Ihrer Zunge umgehen – redend und spielend. Und Sie können gut massieren, Ihre Finger sind geschickt. Sie reiben sich gern an ihrem Körper, doch Vorsicht: Praecox! Sie sind sicher, daß Quantität mehr Spaß macht als Qualität.

Sie und Ihre Frauen

Sie und die Widder-Frau
Sie wird die Führung übernehmen. Sie hat einfach den stärkeren Willen. Sie läßt sich von Ihnen umgarnen, verführen, verwöhnen. Sie lächelt schmelzend, als sei sie ganz Weichheit und Hingabe. Sie genießt Ihre Künste, Ihr erotisches Feingefühl, Ihre spielerischen Zärtlichkeiten. Aber wenn sie aufdreht, haben Sie das Gefühl, Sie seien überflüssig. Als werde sie von ihrem Temperament allein ins Ziel getragen.

So ist es auch. Sie braucht Sie nur als Antörner. Zum Aufwärmen. Als Zündkerze für ihren Turbomotor. Eigentlich unverschämt. Aber auch lustig. Und Sie werden schon kriegen, was Ihnen zusteht.

Sie und die Stier-Frau

Eine Warmblüterin. Eine zärtliche Frau. Sie verliebt sich in Ihre unbesorgte Leichtfertigkeit, in Ihren heiteren Optimismus. Sie bewundert Ihre muntere Art, ins Leben zu gehen und dann ins Bett. Sie ist Melancholikerin, aber unter Ihren Händen vergißt sie die Schwere. Lang gehegte Hemmungen fallen ab von ihr, sie kann loslassen, hingeben, genießen. Vorausgesetzt nur, Sie halten durch. Sie ist eine Freundin des Slow Sex, und ihre Sinnlichkeit blüht langsam auf. Zum Dank tut sie alles, um Ihnen Highs zu bescheren, auch mal zwischendurch. Auf Dauer ist sie Ihnen zu schwerblütig. Sie suchen Abwechslung.

Sie und die Zwillinge-Frau

Der ideale Quickie. Sie haben eine feste Partnerin. Diese Zwitscherfrau hat wohl auch einen. Macht ja nichts. Sie funken sich an, schon ist die Connection da. Nun brauchen Sie nur noch eine Besenkammer, einen Fahrstuhl oder sonst eine Unbequemlichkeit, um ganz schnell zur Sache zu kommen. Und dann Tschüs. Schwer vorstellbar, daß es länger währt. Und wenn, dann wird es wechselhaft und unbeständig. Weil Sie beide treulos sind, haben Sie am meisten Spaß, wenn Sie im Bett Rollenspiele erproben. Gärtner und Prinzessin, Regisseur und Diva, Jungfrau und Biest. Ihre gemeinsame Phantasie reicht für viele Shows.

Sie und die Krebs-Frau

Leider ist diese Frau wechselhaft, launisch und fordernd. Leider deshalb, weil sie auch anschmiegend sinnlich ist, warm und geschmeidig, weil sie als Meisterin der Masturbation auch Ihnen unvergleichliche Events beschert. Aber daß sie dann manchmal nicht will, und Sie sollen raten, warum; oder daß sie sich mittendrin zurückzieht und plötzlich in Tränen ausbricht wegen eines früheren Lovers – all das macht diese Frau schrecklich anstrengend. Für einen Schützen, der lachen und jagen will, ist sie einfach zu wetterwendisch und zu schwerblütig. Versuchen Sie, es kurz zu machen. Das wird schon schwierig genug.

Sie und die Löwe-Frau

Die Distanz zwischen Ihnen wird allein von dieser Lady bestimmt. Und egal, wie großartig Sie sich bei ihr fühlen, Sie werden doch immer ihr Diener sein. Auf vielerlei Weise und in etlichen Positionen. Das kann Spaß machen. Sie ist lüstern, impulsiv, zügellos, hält sich nicht an Tageszeiten, nicht an Orte, überhaupt nicht an Konventionen. Sie selbst schafft die Gesetze. Und hält sich an nichts als an die eigene Lust. Lassen Sie also das Licht an. Es ist sehenswert, wie sie sich räkelt, wie sie wild wird unter Ihren Fingern, wie sie sich aufbäumt und sich krönen läßt. Besteigen Sie ihren Thron. Sie haben königlichen Sex verdient.

Sie und die Jungfrau

Lustige Flirts. Sie haben die ungebundene Lässigkeit, die sie sich wünscht. Und sie hat eine charmante Mischung aus Schüchternheit und frecher Ironie. Sie können einander anfunken, aufziehen, erotische Anspielungen machen. Und dabei belassen Sie es am besten. Denn sie hat tiefverwurzelte Schuldgefühle, die sich im Bett als Hemmungen zeigen. Sie kann nicht locker werden. Mag sich nicht fallenlassen. Und leidet daran. Sie will es ja können. Sie bemüht sich. Aber da hapert es schon. Okay, Sie haben die magischen Hände, die befreienden Finger. Aber wollen Sie ewig Hilfestellung leisten? Doch wohl eher nicht.

Sie und die Waage-Frau

Die Frau ist umständlich und unentschieden. Fast so schlimm wie Sie selbst. Aber bei Nacht ist das köstlich. Weil sie alles mit sich machen läßt. Genau wie Sie. Sie setzt keine Grenzen. Vorausgesetzt nur, Sie bewundern sie. Sie ist eitel. Ihre durchscheinende Bluse, die italienischen Dessous, die Düfte trägt sie nicht, um Ihnen zu gefallen. Sondern um sich selbst sexy zu fühlen. Und wahrlich, sie ist es. Also sagen Sie es ihr. Und dann spielen Sie all die raffinierten, gewagten, dekadenten Spiele, an die andere sich niemals wagen. Stellen Sie Spiegel auf. Lassen Sie Kameras laufen. Dann haben Sie was fürs Alter.

Sie und die Skorpion-Frau

Eigenwillige Frauen finden Sie interessant. Frauen, die widersprechen, die aufmüpfig sind, die laut werden. Hier haben Sie eine. Eine von der gefährlichen Sorte. Sie merken schnell, daß Sie sie auf Abstand halten müssen. Nach einem Abend schon meldet sie Ansprüche an. Und gerade weil Sie sich ihr entziehen, läßt sie nicht locker. Sie hat im Bett mehr zu bieten als Sie haben wollen. Sie lechzt, vergeht, lodert und schreit und atmet so schwer und so tief und so seufzend, als seien Sie der Erlöser, den Sie seit langem erwartet hat. Das wollen Sie aber nicht sein. Nein, Sie wollen weg. Versuchen Sie's mal.

Sie und die Schütze-Frau

Möglich, daß diese Frau Sie nur aus Kameradschaft ins Bett nimmt. Weil Sie so weit weg von Zuhause sind. Und weil sie Sie mag. Sie begreift gar nicht, daß Sie mehr wollen. Gönnen Sie ihr eine Ihrer magischen Massagen. Vor allem von den Waden hinauf zu den Hüften. Da hat sie ihre erotischen Reflexzonen. Wenn Sie ihr dann noch ein kleines Zungenbad verabreichen, nur so aus Kameradschaft, wird sie Sie packen und an sich reißen. Sie ist nur wenig langsamer als Sie. Und genauso aufgeregt. So werden Sie sportlichen, spaßigen, unkomplizierten Sex machen. Vorsicht: Sie vergißt die Pille. Wie Sie das Kondom.

Sie und die Steinbock-Frau

Eines können Sie bei dieser Frau ausnutzen: ihre Strenge. Sie findet Sie unzuverlässig. Sie rügt, daß Sie Ihre Versprechen nicht halten. Die Zeit verschlafen. Die Papiere nicht finden. Und will Sie auf den rechten Weg bringen. Diese Gelegenheit sollten Sie ihr geben. Nächteweise. Sie ist kühl an der Oberfläche und glühend darunter. Sie will bestimmen, was dran kommt. Das machen Sie mit. Aber gewöhnen Sie sich Techniken der Samenzurückhaltung an. Denn sie will viel und noch mehr. Gehen Sie beizeiten. Ab und zu wird sie auf Sie zurückgreifen. Das ist dann genau die Dosis, die Ihnen angenehm ist.

Sie und die Wassermann-Frau

Übersehen Sie die bizarren Eigenarten dieser Frau. Wichtig ist, daß sie Ihnen vieles zu Gefallen tut, jedenfalls im Bett. Bei Tag ist sie willensstark, trotzig, zäh. Bei Nacht hat sie einen nachgiebigen Schmelz. Geschmeidig, biegsam, beweglich, gewandt wetteifert sie mit Ihnen in der Kunst der spielerischen Erregung. Und Sie brauchen sich nicht mal eigens um sie zu kümmern. Sie holt sich, was sie braucht. Dafür hat sie ihr gesundes Quentchen Egoismus. Weil Tabus ihr fremd sind, ist ihre Kreativität und Experimentierlust unbegrenzt. Betäubend und rauschhaft wird das nie. Aber abwechslungsreich. Es macht Spaß.

Sie und die Fische-Frau

Versuchen Sie es bei dieser Frau nicht in Siegerpose. Sie steht auf Opfer. Sind Sie als Kind mal geschlagen worden? Dann wird sie sich hingeben. Aus Mitgefühl. Um das zarte Kind in Ihnen zu ermutigen. Und einen neuen Mann aus Ihnen zu machen. Trinken Sie gern? Auch gut. Erstens wird sie Sie davon heilen. Und zweitens mittrinken. Mitleid und Rausch sind ihre schwachen Seiten. Die Stärken sind zerfließende Hingabe, erotische Phantasie und die Fähigkeit, alles mitzumachen und alles zu genießen. Vielleicht ist das mehr, als Sie wollen. Dann machen Sie's kurz. Sie können später gern zu ihr zurückkehren.

Sie sind ein Mann.
Sie haben Steinbock-Energie.

Sie sind konservativ und zuverlässig. Und weil Sie sich selbst mißtrauen, sind Sie ein Meister der Selbstkontrolle. Tantrische Techniken der Samenzurückhaltung und Verzögerungstaktiken sind Ihre Spezialität. Oft streben Sie nach Höherem und wollen von Sex nicht abgelenkt werden. Als Ergebnis haben Sie Ihre Sensationen nachts im Traum. Ihr Durchhaltevermögen wissen viele Frauen zu schätzen. Doch weil es auf Kontrolle basiert, ist die Kehrseite mangelnde Hingabefähigkeit. Sie wirken zuweilen eher zäh als lustvoll, so sehr sind Sie mit dem Aufpassen beschäftigt. Sie wollen nichts fließen lassen und ziehen ruckartige und gewaltsame Techniken vor. Gern simulieren Sie eine Vergewaltigung, und so oft Sie Widerstand spüren, setzen Sie sich mit Kraft durch. Von Jahr zu Jahr jedoch werden Sie lockerer. Liebesfähiger. Steigt Ihre erotische Ausstrahlung. Sie sind im Tierkreis der einzige Mann, dessen Potenz mit den Jahren wächst.

Sie und Ihre Frauen

Sie und die Widder-Frau

Sie lieben Ihren Schlaf. Und schätzen es nicht, wenn der von einer gierigen Frau gestört wird. Sie haben bewährte Gewohnheiten. Und sind genervt, wenn jemand vorwitzig dazwischenfährt. Sie sind ein Mann. Und wollen sich nicht unter weibliche Herrschaft stellen. All das geschieht hier. Sie rüttelt Sie wach und erstreitet sich ihren Orgasmus. Holt Sie mittags vom Schreibtisch und legt Sie flach. Sie machen einen Intensivkurs in impulsiver Erotik. Auf turbulente Art. Das fördert die Durchblutung und strafft die Gesichtshaut. Ab und zu wiederholen!

Sie und die Stier-Frau

Sie sind ein verkappter Poet. Sie trauen sich nur nicht. Mit dieser Frau wäre es möglich. Am Strand im Wellenrauschen. Auf der Lichtung im Wald. In der Berghütte. Sie werden das später als romantisch in Erinnerung haben. Lange wird es nicht währen. Dazu sind Sie beide zu handfest und praktisch. Und so ist auf Dauer auch Ihr Love Life. Verläßliche, regelmäßige Events. Glutvolle, gebändigte Energie. Maßvoller Genuß. Hohe Verarbeitungsqualität. Während andere Liebespaare verpuffen und abschlaffen, machen Sie beide weiter. Sie sind die preisgekrönten Dauerliebhaber im Buch der Rekorde.

Sie und die Zwillinge-Frau

Diese Frau will Ihre Schweigsamkeit durchbrechen. Indem sie selbst plappert. Will hinter Ihre Kulissen schauen. Indem sie Sie auszieht. Sie ist ziemlich unartig, und das finden Sie erfrischend. Sie lockt, sie neckt, sie ist kribbelig und flink. Nichts ist ihr peinlich. Alles macht Spaß. Fast alles. Daß Sie es schön finden, wenn es ein bißchen wehtut, findet sie befremdlich. Und daß Sie Ihr gern mit dem Gürtel eins auswischen würden, kommt nicht gut an. Sie ist eben der ewige Teenie unter den Liebeszeichen. Sie macht flotten und unkomplizierten Sex. Übrigens nicht nur mit Ihnen.

Sie und die Krebs-Frau

Ja, sie ist weich und sexy. Und sie ist sinnlich. Sie hat die Haut eines Babys. Und den Teint eines Pfirsichs. Sie möchten sie ausschlürfen und anknabbern. Alles verständlich. Sie ist auch schutzbedürftig und kuschelt sich bei Ihnen ein. Bewegt sich im Bett mit betörender Intuition. Sie ist eine unschuldige erotische Naturbegabung. Alles wahr. Sie läßt sich obendrein ein bißchen fesseln. Sie dürfen sie in Maßen peinigen. Optimal. Nur: Sie ist schrecklich liebebedürftig. Braucht entsetzlich viel Zuwendung. Und ist ganz leicht beleidigt. Sie ist eine Diktatorin auf die sanfte Tour. Sie werden gehorchen – oder vertrocknen.

Sie und die Löwe-Frau

Sie mögen eine repräsentative Frau. Hier ist eine. Sie legt Wert auf Qualität. Und die bieten Sie. Allerdings: Sie ist unbescheidener als Sie. Sie liebt den Glamour. Das merken Sie an der Show, die sie im Bett abzieht. Sie scheint mindestens vier Quadratmeter zu brauchen. Und in jeder Ecke einen Scheinwerfer. Sie ist laut – nicht trotz, sondern wegen der Nachbarn. Jeder soll wissen, was für eine ekstatische Liebhaberin sie ist. Sie erwartet, daß Sie Delikatessen auffahren. Sie will Champagner in Reichweite, weil sie zwischen zwei Orgasmen immer was trinken muß. Eine kurze, teure Affäre.

Sie und die Jungfrau

Sie ist noch geiziger als Sie. Auch im Bett. Sie denken natürlich erst, mit der ist das Leben leicht. Weil sie sich nicht in den Vordergrund drängt. Weil sie geistreich mitreden kann. Weil sie mit ihrem Lächeln den ganzen Raum erhellt. Sie hat tatsächlich etwas Jungfräuliches, Keusches. Das fasziniert Sie. Doch als sie sich endlich hingibt, sind Sie enttäuscht. Sie ist so vorsichtig. So beherrscht. Sie gerät kaum in Ekstase. Es liegt nicht an Ihnen. Im Gegenteil. Wenn überhaupt einer, dann können Sie die unter Furcht ver-

169

grabene Sinnlichkeit zum Leuchten bringen. Das kostet Zeit, erfordert Geduld. Doch Ihre Ahnung trügt nicht: Es lohnt sich.

Sie und die Waage-Frau

Sie wirken anziehend auf diese Lady. Weil Sie Charisma haben. Und Sicherheit bieten. Sie haben so etwas Verläßliches. Und das braucht diese unzuverlässige Frau. Sexuell macht sie mit, was Sie wollen. Mehr aber nicht. Von ihr kommt keine Initiative. Es scheint ihr gleichgültig zu sein, wie oft sie es treibt, wo, wann und vielleicht auch mit wem. Sie hat eine weiche, nachgiebige Sinnlichkeit. Da kommen Sie sich doppelt hart, doppelt männlich vor. Allerdings hätten Sie gern mehr Widerstand. Und diese Frau mehr Zärtlichkeit. Sie braucht eigentlich mehr Aufmerksamkeit. Sie nimmt als Ausgleich Ihr Geld.

Sie und die Skorpion-Frau

Ihr Gespür ist ganz richtig: Die Kameltreiberpeitsche, die Sie aus dem Orient mitgebracht haben, kann endlich zum Einsatz kommen. Diese ungewöhnliche Frau ist für Spezialitäten zu haben. Sie hat eine masochistische Ader. Da kommen Sie Sadist gerade recht. Sie beide wollen an die Grenzen gehen. Ihr Liebesleben kann extrem werden. Atemberaubend, orgiastisch, verschlingend. Es ist das erotische Gegenstück zu dem Machtkampf, den Sie im Alltag führen. Sie können sich besser beherrschen als diese Frau und werden bei Tag der Sieger sein. Bei Nacht gebührt ihr der Lorbeer. Ein leidenschaftliches Match.

Sie und die Schütze-Frau

Sie ist unruhig. Sie will Abwechslung. Sie sprudelt vor Neugier. Sie will immer was anderes und öfter was Neues probieren. Sie möchte verreisen, um die Abenteuer der Erotik zu steigern. Sie will in den Pool mit Ihnen, auf den Hochsitz, will die Hotelbetten besudeln. Sie selbst könnten eigentlich mit viel weniger Aufwand glücklich werden. Einfach auf die bewährteste, zugegeben etwas rauhe, robuste Art. Die verstiegenen Umwege der Schütze-Frau lohnen sich nicht. Sie wirft Ihnen vor, Sie seien bequem. Dabei wissen Sie nur, was Sie wollen. Und sie weiß das nicht. Lassen Sie sie allein herumprobieren.

Sie und die Steinbock-Frau

Da haben Sie was Sicheres. Mit dieser Frau können Sie planen. Auf die können Sie sich verlassen. Die steht Ihnen kameradschaftlich zur Seite. Hört sich nicht erotisch an? Ist es auch nicht. Sie können sich gegenseitig maßvoll antörnen, verschaffen dem anderen, was er begehrt, und probieren sogar aus, was Sie an Sonderbarkeiten im Lexikon der Lust gelesen haben. Zuweilen, und mit Unterstützung edler Tropfen, können die Nächte sogar etwas Rauschhaftes bekommen. Auf lange Sicht leben Sie eher keusch miteinander. Mit kleinen geheimen Urlaubsflirts und verschwiegenen Nachmittagsabenteuern nebenher.

Sie und die Wassermann-Frau

Wenn Sie eingeschnappt sind, und diese Frau ist beleidigt, dann wird es still im Haus. Dann wird tagelang kein Wort geredet. Weil jeder von Ihnen gnadenlos eigensinnig ist. Und das soll dem Sex gut tun? Nur am Anfang. Wenn Sie von der Experimentierlust und Unbekümmertheit dieser Frau begeistert sind. Und wenn diese Frau noch nicht gemerkt hat, daß Sie niemals ihr Untertan werden. Dann haben Sie ein paar lustige Nächte. Keiner von beiden gibt sich ganz hin. Sie selbst bemühen sich um eine gute Performance. Die Wasserfrau macht aus Gefälligkeit mit. Aber das war's dann auch. Jeder bemerkt den Irrtum.

Sie und die Fische-Frau

Ihrer Karriere ist diese Frau nicht dienlich. Sie ist vielmehr gefährlich. Denn mit ihr zusammen könnten Sie die ganze Abgründigkeit Ihrer sorgsam gezähmten Lust entdecken. Diese Frau lockert die Zügel. Die geht durch mit Ihnen. Die verführt Sie zu rauschhaften Zuständen, aus denen kein Drogenberater Sie retten kann. Mit ihr können Sie Grenzen überschreiten. Dreier organisieren. Filme drehen. Orgien anzetteln. Perversitäten probieren. Es wird nie schmutzig. Es hat immer etwas Gesundes, Lustiges, Liebevolles. Es gehört zum Leben. Eine Affäre? Auf jeden Fall. Etwas für länger? Sie sind gewarnt.

Sie sind ein Mann. Sie haben Wassermann-Energie.

Sie sind ritterlich, höflich, zuvorkommend. Auch beim Sex. Doch Ihre Geliebte muß Sie zuweilen drängen. Wenn Sie sich nämlich in Experimenten verlieren und sich an der eigenen Erfindungsgabe begeistern. Sie vergessen darüber Ihre Gefährtin. Genau so gern, wenn nicht lieber, würden Sie in der Stunde der Lust eine Cybersex-Maschine erfinden und natürlich gleich ausprobieren. Sie sind jedenfalls gedanklich abwesend, beim Küssen, beim Streicheln, beim Lieben, und Ihre Partnerin muß Sie daran erinnern, daß Sie sich in ihrem Bett befinden. Immerhin sind Sie neugierig. Vor allem auf Exzentrisches. Die abstrusen Vorschläge des Kamasutra, die Rituale des Rotlichtmilieus haben nichts Abschreckendes für Sie. Sie fühlen sich davon angeregt. Sie finden das witzig. Sex hat für Sie nichts mit Leidenschaft zu tun, nichts mit Romantik. Es ist ein köstliches Spiel.

Sie und Ihre Frauen

Sie und die Widder-Frau

Andere Männer sind von der Streitlust und dem Mut dieser Frau eingeschüchtert. Sie hingegen finden sie amüsant. Sie lassen sie gern entscheiden, was sie will und was Ihnen ohnehin unwichtig ist. Zum Beispiel alles, was mit Liebe zu tun hat. Eigentlich wollten Sie nur flirten. Doch diese Frau reißt Sie ins Bett und legt los. Mit Staunen beobachten Sie, wie sie aufdreht, wild wird, sich aufbäumt und schreit. All das, stellen Sie fest, müssen Reaktionen sein auf Ihre unnachahmliche Liebeskunst. Tatsächlich weiß sie Ihre Phantasie zu schätzen. Sie freuen sich über die befeuernde Impulsivität. Das kann halten.

Sie und die Stier-Frau

Selbst wenn Sie in den Armen dieser Frau liegen, halten Sie Abstand. Mental. Sie kommt Ihnen zu schwerblütig vor. Irgend etwas an ihr zieht abwärts und zu Boden. Sie ist sinnlich, ja, genießerisch, zweifellos, sie hat eine lippenleckende Gier. Doch ihr fehlt die Leichtigkeit. Sex mit ihr ist brünstig wie mit einer Wagner-Sängerin. Selbst den Nachbarn bricht der Schweiß aus. Da fehlt das Schweben, das Jonglieren, das unverbindliche Amüsement. Auch spüren Sie, daß Sie hier zur Verantwortung, wenn nicht gar zur Bindung gezogen werden sollen. Verabschieden Sie sich höflich, aber rechtzeitig.

Sie und die Zwillinge-Frau

Das ist eine Frau für abenteuerliche Nächte. Sie hat keine überflüssigen Hemmungen. Sie bringt keinen Trauring mit. Sie will sich nur amüsieren. Sie ist nicht so originell wie Sie, nicht so verstiegen. Dafür handfester und realitätsnah. Das ist gut für sensiblen, phantasievollen Sex. Endlich können Sie sich in die kuriosen Stellungen begeben, die der legendäre Gelbe Kaiser empfahl. Endlich die Techniken des Tantra probieren. Sie dürfen sogar Ihre Teufelsmaske aufsetzen. Die Zwillinge-Frau flötet und quiekt vor Lust und macht mit. Sie ist etwas redselig. Doch so ein Hintergrundgeräusch stört Ihren Geist kaum.

Sie und die Krebs-Frau

Sie findet Sie niedlich. Sie mag Ihren Körper. Sie will Sie verwöhnen. Will Ihnen Gutes tun. Dagegen haben Sie nichts.

Nur scheint diese Frau etwas dafür zu erwarten. Einen Gesprächspartner zum Beispiel oder das Gefühl, bei Ihnen aufgehoben zu sein. Im Bett ist es zunächst schön. Sie tut was für Sie. Scheut sich nicht vor den leckersten Variationen. Aber sie zuckt zusammen, wenn Sie einen Scherz machen. Fängt an zu weinen, wenn Sie in ihre Sentimentalität piken. Sie sieht nicht das Spielerische an der Liebe. Sie ist umarmend wie eine Mutter, braucht Zärtlichkeit wie ein Kleinkind. Auf Dauer anstrengend.

Sie und die Löwe-Frau

Kitzelnden, kribbeligen Appeal gibt es hier auf den ersten Blick. Sie hat die Unabhängigkeit und souveräne Lässigkeit, die Sie sich von einer Frau wünschen. Auch im Bett. Obwohl man ihr nachsagt, sie sei eine Herrscherin, läßt sie Sie machen. Und macht mit. Und steigt stärker darauf ein als Sie. Sie hat auch Spaß am Probieren. Sie nimmt Abseitiges nicht übel. Beißt zurück, wenn Sie beißen, kneift, schlägt, krallt die Fingernägel mindestens so gut wie Sie. Denn bei ihr ist noch hitzige Leidenschaft dabei. Allerdings haben Sie das Bedürfnis, sich ihrem zupackenden Griff zu entziehen. Das könnte traurig enden.

Sie und die Jungfrau

Sie flirten sehenswert miteinander, gießen Kübel voller Charme aus, tauschen Komplimente. Und dann wird es schwierig. Erst war sie so herausfordernd. Nun hat sie Schwierigkeiten loszulassen. Sie machen ihr Mut. Sie braucht aber auch Zeit, um warm zu werden. Okay, die geben Sie ihr. Und dann bleibt sie immer noch recht still. Sie signalisieren Verständnis. Sie merken schon, daß bei der Jungfrau dem Experimentieren gewisse Grenzen gesetzt sind. Es sei denn, Sie dringen vor zu jener masochistischen

Lust auf Bestrafung, die diese Frau tief im Inneren hegt. Doch Sie sind bessere Freunde als Liebespartner.

Sie und die Waage-Frau

Im Gegensatz zu dem sittsamen Eindruck, den diese Frau macht, kann sie in verschwiegenen Schlafzimmern zügellos, ja, orgiastisch werden. Mit Ihnen. Sie beide können Sex auf die atemberaubende Art machen, mit Verkleidungen und Maskeraden, mit Schaukeln, Spiegeln, Fingerfarben. Vor allem: mit Phantasie. Sie spinnen einander in lustvolle Märchen ein, erzählen sich verbotene Dinge, denken sich Rollenspiele aus. Alles geht leicht und flüssig. Sie selbst sind mehr mit dem Feuer der Ideen dabei, die Waage-Frau mehr mit wohliger Sinnlichkeit. Aber das funktioniert. Immer wieder. Auch als Snack zwischendurch.

Sie und die Skorpion-Frau

Optimal für eine explosive Affäre. Sie wollen unabhängig sein. Die skorpionische Frau will Sie im Netz zappeln sehen. Das baut Spannungen auf, die sich immer wieder gewaltig, wenn nicht gewalttätig lösen. Mit diesem erschöpfenden Weib dürfen Sie den Lüsten frönen, von denen Sie niemandem erzählen: genießerische Quälereien, freudige Foltern, fesselndes Binden, spielerisches Vergewaltigen. Sie meint das übrigens ernster als Sie. Im übrigen wird sie immer wieder Streit anfangen. Weil Sie sich entziehen. Und irgendwann werden Sie das endgültig tun. Denn auf Dauer soll Sex lieber erholsam als strapaziös sein.

Sie und die Schütze-Frau

Sie kann sich herrlich aufregen. Und wird das hoffentlich auch im Bett tun. Sie trägt das Feuer der Begeisterung in sich und hoffentlich auch bis ins Schlafzimmer. Immer ist das nicht so: Die Schütze-Frau ist seltsam störanfällig, zieht sich plötzlich zurück, schweigt beleidigt. Und doch werden Sie mit ihr Sex vermutlich wie einen Gang über den Jahrmarkt erleben, mit Achterbahnfahrten, Irrgarten und Preisschießen. Sie sind beide zu ähnlichen Scherzen aufgelegt und sehen den Orgasmus als sportliche Herausforderung. Sie ist zweifellos mit mehr Gefühl dabei. Aber das hat sie selbst zu verantworten.

Sie und die Steinbock-Frau
In einem ähnelt Ihnen diese Lady: in der Zähigkeit. Sie beide können Duelle des Starrsinns ausfechten, die sich nach Wochen oder Jahren in einer bombastischen Liebesnacht lösen und in einem Feuerwerk der Orgasmen zum Himmel steigen. Doch vielleicht werden Sie gar nicht so lange zusammen sein. Denn die Steinbock-Frau will punktgenaue Antworten von Ihnen. Im Bett und am Frühstückstisch. Und die können Sie nicht liefern. Weil Sie selbst nicht so genau wissen. Nur, daß Sie eigentlich immer woanders sein wollen als Sie gerade sind. Das wissen Sie. Und das spürt diese Frau. Und hat dafür null Verständnis.

Sie und die Wassermann-Frau
Sie haben doch noch diese Federn: Reiherfedern oder Pfauenfedern. Mit denen dürfen Sie jetzt spielen. Weil diese Frau bei hauchzarten Berührungen schon sehr viel empfindet. Sie können auch mit Schleiern spielen, es muß ja kein Brautschleier sein. Fester zupacken dürfen Sie erst später, aber auch dafür hat diese Frau etwas übrig. Sie ist leider ausdauernder als Sie und hat im Alltag eine sehr bestimmende Tonart. Aber bei Ihrem gesunden Egoismus werden Sie damit fertig. Und dem abwechslungsreichen Sex sind so wenige Grenzen gesetzt wie Ihrer notorischen Untreue.

Sie und die Fische-Frau

Manchmal finden Sie es ganz schön, wenn Frauen weinen. Hier dürfen Sie das erleben. Denn Sie können ja fies sein, so auf die unterschwellige Art. Und diese Frau ist empfindlich. Oder tut zumindest so. Sie ist auch Schauspielerin. Was sie an Tränen und Ekstasen in die Kissen legt, was sie an Maskenspielen und Travestien serviert – es ist immer Theatralik dabei. Macht ja nichts. Ist sogar stimulierend. Im Geist ist sie noch untreuer als Sie selbst. Macht auch nichts. Das beziehen Sie in lustige Phantasiespiele ein. Schlau werden Sie nicht aus ihr. Irgendwann geht es wie von selbst auseinander. Rätselhaft. Aber war schön.

Sie sind ein Mann.
Sie haben Fische-Energie.

Sie sind romantisch. Und ein Zyniker. Sie haben Affären mit verheirateten Frauen. Erfahrene, triebhafte Partnerinnen sind Ihnen am liebsten. Ihre Geliebte soll Sie langsam und bewundernd ausziehen. Das Vorspiel verlegen Sie in einen Sessel oder aufs Fell oder in die Badewanne. Sie lieben weibliche Füße und haben nichts dagegen, mal einen Tritt zu bekommen. Denn Sie möchten liebkost und malträtiert werden. Gern stellen Sie sich vor, ein dominantes Weib fordere Unglaubliches, und Sie versuchen vergeblich, es zu befriedigen. Dann müssen Sie bestraft werden. Doch auch Sie selbst strafen gern. Frauen mit sadomasochistischen Neigungen haben in Ihnen einen lustvollen Mitspieler. Sie sind ein phantasievoller Liebhaber mit Neigung zur Hörigkeit und anderen Süchten. Gruppensex machen Sie ohne Vorurteile mit, und wenn ein Paar einen Dritten sucht, sind Sie dabei.

Sie und Ihre Frauen

Sie und die Widder-Frau
Die Widder-Frau entdeckt einen verlockenden Schimmer in Ihrem Blick. Und in Ihrer Stimme einen betörenden Schmelz. Das ist gut für Sie. Denn alles weitere macht sie selbst. Sie haben die reiche Phantasie. Diese Frau hat die Kraft und die Herrlichkeit. Sie brauchen nur Ihrer erotischen Intuition zu folgen. Sie spüren, daß Sie hier ohne Scheu zugreifen können. Daß Sie Kissen schlachten und

179

Wäsche zerfetzen dürfen, daß es laut werden darf, sogar schmutzig. Und daß Sie das Lineal holen dürfen, das unbenutzt auf dem Schreibtisch liegt. Leidenschaftliche, rauschhafte Nächte. Schade, daß es auch Tage gibt.

Sie und die Stier-Frau

Sie haben die Zärtlichkeit, nach der die Stier-Frau sich sehnt. Die Geduld, die sie verdient. Sie verwöhnen sie mit warmen Händen, empfindsamen Fingern, mit Flüsterworten und Zungenspielen, wie sie es sich erträumt. Anders als die meisten Männer können Sie sich unbegrenzt im Reich der Zärtlichkeit aufhalten. Es ist, als seien Sie der Zeit nicht unterworfen. Sie spüren nicht den Druck, eilig ans Ziel zu kommen. Sie treiben schwerelos auf den Wellen der Nacht. Der Stier-Frau wird das ewig in Erinnerung bleiben. Tagsüber wird sie Ihr Treibenlassen korrigieren und lenken. Ist auch mal nicht schlecht.

Sie und die Zwillinge-Frau

Die Frau ist was zum Flirten. Zum Tanzen. Zum Haschen-Spielen. Sie können sie durch die Wohnung jagen. Sie wird dabei die Kleider abwerfen. Oder durchs Schwimmbad verfolgen. Sie wird sich Ihnen lachend ergeben. Sie können mit ihr im Wald die Spaziergänger erschrecken. Und auf der Party das Schlafzimmer der Gastgeber ausprobieren. Sie ist keine Partnerin auf Dauer für Sie. Aber ein Leckerbissen zwischendurch. Sie ist der Seitensprung, dem Sie nicht widerstehen können. Übrigens wird sie anderen Frauen von Ihren erotischen Qualitäten erzählen. Sie hat lauter lustige Freundinnen.

Sie und die Krebs-Frau

Andere Männer machen Tantra-Kurse, um die Kunst der endlosen Liebe zu lernen. Sie sind dafür geboren. Und hier ist eine weitere Frau, die das dankbar annimmt. Mit ihr können Sie ewig über den Hochplateaus der Erregung kreisen. Oder mit den Strömen der Lust ins Meer der Orgasmen fließen. Poetisch sind Ihre Nächte. Romantisch. Manchmal kommen Sie sich vor wie in einem kitschigen Liebesfilm. Dann wollen Sie auch mal härter zur Sache gehen. Und das dürfen Sie auch. Diese Krabbe ist härter im Nehmen als ihr feuchter Blick vermuten läßt. Auf Dauer wird sie die Führung übernehmen. Das schadet nichts.

Sie und die Löwe-Frau

Sie hat es gern, wenn alles klar und offen ist. Und verliebt sich in Ihre nebulöse Abgründigkeit. Sie möchte Ihrem Geheimnis auf den Grund kommen. Soll sie es versuchen. Sie reagiert leidenschaftlich auf Ihre Berührungen. Atmet schwer. Sie erwartet etwas. Sie nähern sich vorsichtig, zart, fast zögerlich. Da packt sie Sie, wirft sie herum und macht Sie zur Beute. Wie im Safari-Film: Eine Raubkatze ist auf Sie gesprungen. Sie leckt und beißt und schärft die Krallen. Sie winden sich. Sie läßt nicht los. Ja, sie ist mächtig. Ist fordernd. Und es muß nach ihrem Geschmack gehen. Auf die Dauer etwas anstrengend.

Sie und die Jungfrau

Sie wissen genau, was diese Frau braucht: Alkohol. Um enthemmt zu werden. Um an die eigene Lust ranzukommen. Andere Männer haben das auch schon versucht. Aber erst Ihr lässiger Umgang mit berauschenden Flüssigkeiten verführt die junge Frau. Sie ist bezaubert. Sie sieht in Ihnen, wonach sie sich sehnt: den Mann, der keine Grenzen setzt.

Der ohne Limits lebt. Den Romantiker. Sie wundert sich im Bett, daß Sie auch noch andere Seiten aufziehen können. Aber sie genießt das. Sie ist gern mal Ihr Opfer. Ihre Dienerin. Ihre Schülerin. Bei Tag ist das anders. Da schwingt sie sich zur Gouvernante auf. Und herrscht.

Sie und die Waage-Frau

In Ihnen steckt ein Voyeur. Und den bedient die Waage-Frau. Sie tritt als laszive Verführerin auf und macht Ihr Wasserbett zur Bühne einer Stripshow. Sie räkelt sich ganz unvergleichlich und windet sich als Nixe durch die Laken. Doch dann müssen Sie was tun. Sie will sich zeigen, will bewundert werden. Doch für Action müssen Sie sorgen. Leidenschaft erwartet sie von Ihnen. Sie sollen den starken Räuber markieren, der diese keusche Prinzessin entführt. Den Sultan, der sie zu sich befiehlt. Sie sollen sagen, was dran ist. Sollen ihr befehlen. Ist ja mal ganz schön. Doch auf die Dauer ein bißchen einseitig.

Sie und die Skorpion-Frau

Es gibt skorpionische Frauen, die ihre eigenen wüsten Neigungen nicht auszuleben wagen. Die sind nichts für Sie. Die sind anstrengend. Und es gibt welche, die mit leidenschaftlicher Wucht einen Mann wie Sie ergreifen, in ihre Höhle schleppen und genüßlich verzehren. Die ihn peinigen, wenn er nicht willfährig ist. Die ihn hart rannehmen, wenn er sich in Träume verliert. Und so eine Frau ist, vielleicht nicht für immer, doch für geraume Zeit, der totale Thrill. Mit ihr können Sie Ihre abgründigsten Phantasien ans Licht der Ekstase holen. Und da Sie nie greifbar sind, schläft die Leidenschaft dieser Frau niemals ein.

Sie und die Schütze-Frau

Sinnlos, daß Sie sich verabreden. Diese Frau kommt immer zu spät. Und Sie vergessen den Ort. Auf Dauer kann das nur Streit und Chaos bedeuten. Wahrscheinlicher ist eine kurze Begegnung auf der Reise. Da ist die Schütze-Frau zu leichtsinnigen Abenteuern aufgelegt. Und Sie sind zweifellos ein Abenteuer. Im Bett ist sie cooler als Sie. Sie ist feurig, ja, ist vital und aufgeregt, steht hell in Flammen. Aber das vergeht sofort wieder. Wie auch ihre sexuellen Highs seltsam nebensächlich und schnell vergessen sind. Ihnen bleibt eine schmerzhafte Unruhe. Als wäre dies die Frau, die eine, gewesen. Nein, nein, sie war's nicht.

Sie und die Steinbock-Frau

Sie verstehen diese Frau. Sie sehen auf Anhieb, was kaum ein Mann sonst erkennt: daß sie im Inneren butterweich ist. Daß da alles im Fließen ist. Daß da Unruhe und Angst wohnen. Sie verstehen sie, als hätten Sie all das durchlebt und seien weiser. Und so kommt es auch ihr vor. Sie wärmt sich an Ihnen. Im Bett vollführen Sie Wechselspiele: Erst läßt sie sich führen, ergibt sich Ihren Zärtlichkeiten, zerschmilzt, vergeht. Dann plötzlich wirft sie sich auf, wird hart, unterjocht Sie, macht Sie zum Sklaven, ist Domina, herrscht. Optimal. Und so leicht läßt sie nicht locker. Das kann dauern.

Sie und die Wassermann-Frau

Ungewöhnliche Nächte, bittere Tage. Sie ist tough, kann ihren Weg allein gehen und läßt Sie das spüren. Möglich, daß Sie dennoch masochistisch an Sie gebunden bleiben. Gesünder wäre eine kurze Affäre. Leider ist sie keine Frau für Affären. Erstens hat sie ihre Ideale. Zweitens ist sie diszipliniert. Aber das ist die Chance der Nächte: daß sie ihren unseligen Hang zur Disziplin in selige Spiele ummünzt. Mit dem Stöckchen in der Hand. Mit der Peitsche im Gepäck. Während Sie winseln. Aber das ist sehr unwahrscheinlich. Sie fürchtet sich vor rauschhaften Abweichungen. Vor der Tiefe Ihrer Erotik. Lassen Sie's.

Sie und die Fische-Frau

Sie ist stärker als Sie. Besser strukturiert. Klarer. In den Nächten wird sie sich alles holen, was sie braucht, und wenn Sie nichts mehr geben können, legt sie selbst Hand an. Das beeindruckt Sie. Hier ist eine, die dem Sex keine Fesseln anlegt. Höchstens Ihnen. Ihre sadomasochistischen Phantasien werden hier ohne Umschweife in die Tat umgesetzt. Diese Frau hält sich nicht zurück. Die wird laut. Die liebt rauschhaft und berauschend. Deren erotischer Bedarf strahlt aus allen Poren. Auch tagsüber werden Sie selten zur Ruhe kommen. Sex mit ihr ist wie eine Droge. Und Sie lieben Drogen. Ade, nüchterne Welt.

Fragen und Antworten

Ich bin Sternzeichen Jungfrau. Darf ich gleich nachsehen unter „Sie haben Jungfrau-Energie"?

Klar, dürfen Sie. Denn zweifellos haben Sie Jungfrau-Energie. Aber Ihr Liebesleben wird noch von anderen Kräften beeinflußt. Und deshalb sollten Sie den Test im Spiel der Energien machen. Zumal die Energien sich im Laufe des Lebens ändern. Vielleicht sind Sie gar keine Jungfrau mehr.

Kommt es nicht auch auf den Aszendenten an?

Ja, klar, Sie Naseweis. Schlagen Sie ruhig nach, unter der Energie Ihres Aszendenten. Vielleicht ist das tatsächlich die stärkste erotische Kraft bei Ihnen. Aber Sie wissen ja: Das Spiel der Kräfte ändert sich. Die Planeten wandern in andere Zeichen. Jupiter steht plötzlich über Ihnen. Uranus strahlt Sie schräg von der Seite an. Da werden Sie auf einmal auch etwas schräger. Und Ihr Aszendent wundert sich. Also testen Sie Ihre Energien.

Kann man das Spiel der Energien auch mit mehreren spielen?

Aber sicher. Das kann sogar sehr lustig werden. Und sehr gefährlich. Wenn nämlich Ihr Freund entdeckt, daß er Fische-Energie hat und also ganz tolle Liebesnächte mit einer Skorpion-Frau haben würde. Und wenn dann so eine Frau mit Skorpion-Energie ihm gegenüber sitzt, dann könnte es sein, daß der Abend und vor allem die Nacht ganz anders verläuft, als Sie erwartet haben. Obwohl das bei Ihrem Charme und Ihrem Appeal natürlich sehr, sehr unwahrscheinlich ist.

Wie sind Sie eigentlich auf diese Energie-Bilder gekommen?

Erstmal haben wir angestrengt nachgedacht. Aber dann haben wir es doch vorgezogen, mit der Deutschen Tiefenpsychologischen Gesellschaft zusammenzuarbeiten und mit der International Astrological Society. Mit denen gemeinsam haben wir die Bilder für die Energien Feuer (Blitz), Wasser (Meer), Erde (Traube), Luft (Feder) entwickelt. Und anschließend getestet. In einer repräsentativen Befragung haben wir ermittelt, wer auf welche Bilder fliegt. Und haben das mit den Horoskopen verglichen. Und siehe da: Wer als erstes die Trauben wählt und als zweites die Feder, der hat erotische Jungfrau-Energie im Horoskop. Wer aber umgekehrt zuerst die Feder wählt und die Trauben auf Platz zwei setzt, der hat erotische Waage-Energie. Und so weiter. Das ist also nicht einfach ausgedacht. Das ist überprüft und wissenschaftlich nachgewiesen. So wissenschaftlich, wie eben Tiefenpsychologie und Astrologie sein können. Und Sie wissen ja, das sind zwei ganz seriöse Gebiete.

Darf man die vier Energie-Bilder eigentlich nur betrachten? Oder kann man die Energie auch erspüren?

Jeder kann das nicht. Aber Sie können es sicher. Weil Sie sensible Hände haben. Besonders die linke Hand ist direkt mit der Intuition verbunden. Sie können also langsam die Hand über die vier Energie-Bilder gleiten lassen. Mit einem Abstand von ein paar Zentimetern. Vielleicht mit geschlossenen Augen. Dann merken Sie, wo es besonders kribbelt oder warm wird. Das ist Ihr erstes Energie-Symbol. Und wo es wenigstens noch lau ist. Dann haben Sie Ihr zweites. Schon haben Sie Ihre Energie-Kombination. Wenn Sie gerne pendeln, dann können Sie das gleiche natürlich mit einem Pendel herausfinden. Und wenn Sie gerne Wünschelruten gehen, und wenn Sie gerne auf dem Kopf stehen, und wenn Sie gerne die Gesänge der Wale dabei hören, dann dürfen Sie das alles, alles tun.

Ich habe mal gelesen, es gibt nicht nur zwölf, sondern dreizehn Sternzeichen?

Dann haben Sie sicher auch gelesen, daß der Yeti in den Alpen aufgetaucht ist und daß man vom Duschen Krebs kriegt. Glauben Sie nicht alles, was Sie lesen. Nur in diesem Buch steht die Wahrheit und nichts als die Wahrheit. Klar?

Ich weiß gar nicht, unter welchem Sternzeichen ich geboren bin.

Das müssen Sie auch nicht wissen. Nicht für das Liebesspiel der Sterne. Aber wenn Sie es unbedingt rauskriegen wollen – hier sind die Daten:

Widder: 21. März - 20. April
Stier: 21. April - 21. Mai
Zwillinge: 22. Mai - 21. Juni
Krebs: 22. Juni - 22. Juli
Löwe: 23. Juli - 23. August
Jungfrau: 24. August - 23. September
Waage: 24. September - 23. Oktober
Skorpion: 24. Oktober - 22. November
Schütze: 23. November - 21. Dezember
Steinbock: 22. Dezember - 20. Januar
Wassermann: 21. Februar - 19. Februar
Fische: 20. Februar - 20. März

Oder wissen Sie Ihren Geburtstag auch nicht?

DIETRICH SCHWANITZ

»Schwanitz kann glänzend schreiben,
geistreich und eloquent, manchmal tiefernst, meist
witzig, böse, sarkastisch.«
Die Zeit

»Ich bin für dieses Buch. Ich freue mich,
daß ich es gelesen habe.«
Marcel Reich-Ranicki

GOLDMANN

43349